세계명문학교,
1% 인재들의 공부법

세계명문학교,
1% 인재들의 공부법

초판 1쇄 발행 2008년 8월 21일 초판 3쇄 발행 2015년 7월 25일

지은이 최효찬   펴낸이 연준혁

기획 H2기획연대

출판1분사
편집 최혜진 가정실 한수미 정지연 김민정 최연진 위윤녕 최유진

펴낸곳 (주)위즈덤하우스   출판등록 2000년 5월 23일 제13-1071호
주소 (410-380) 경기도 고양시 일산동구 정발산로 4-20 센트럴프라자 6층
전화 031) 936-4000   팩스 031) 903-3891
전자우편 yedam1@wisdomhouse.co.kr   홈페이지 www.wisdomhouse.co.kr

값 12,000원   ⓒ최효찬, 2008   ISBN 978-89-91731-29-5 13000

* 잘못된 책은 바꿔드립니다.
* 이 책의 전부 또는 일부 내용을 재사용하려면
  사전에 저작권자와 (주)위즈덤하우스의 동의를 받아야 합니다.

국립중앙도서관 출판시도서목록(CIP)

세계명문학교, 1% 인재들의 공부법/ 최효찬 지음 서울:
위즈덤하우스, 2008
ISBN 978-89-91731-29-5 13000 : ₩12000
학습법[學習法]
373.4-KDC4
371.30281-DDC21   CIP2008002470

세계명문학교,
1% 인재들의 공부법

최효찬 지음

필자가 〈세계의 명문학교를 가다〉를 취재하면서 다녀온 보딩스쿨로는 총 6개국 20여 개 학교로, 세계적 명문학교인 필립스 엑시터 아카데미, 로렌스빌 스쿨, 트리니티 폴링 스쿨(이상 미국)을 비롯해 세븐옥스 스쿨, 톤브리지 스쿨, 차터하우스 스쿨, 배드민턴 스쿨(이상 영국), 트리니티 칼리지 스쿨, 애플비 칼리지, 리들리 칼리지(이상 캐나다), 브리즈번 그래머 스쿨, 브리즈번 보이스 칼리지, 세인트 마거릿 앵글리칸 걸스 스쿨, 클레이필드 칼리지(이상 오스트레일리아), 우드스탁 스쿨, 패스웨이 월드 스쿨, ISA, 비숍 코튼 스쿨, 로렌스 스쿨(이상 인도), 세청중학(이상 중국) 등입니다. 이 책에서는 지면상 다 싣지 못했습니다. 앞으로 자녀를 이들 학교에 조기유학을 보내고자 한다면 자녀경영연구소 홈페이지(http://choi1.com)로 궁금한 사항을 문의하시기 바랍니다.

| Prologue |

명문학교는 공부·인성·운동의 '엘리트 3관왕'으로 키운다!

우리나라 부모들은 참 독하다?

최근 세계의 보딩스쿨(Boarding School, 기숙사형 사립학교)을 취재하기 위해 미국, 영국, 캐나다, 오스트레일리아, 인도, 중국 등을 찾았다. 가는 곳마다 한국의 조기유학생들을 만날 수 있었는데, 인도의 경우 국민소득이 1,000달러도 안 되는 나라인데도 영어를 배우겠다는 한국 조기유학생들로 넘쳐나고 있었다.

인도의 명문학교들은 대부분이 무더위를 피해 고산지대에 자리 잡고 있어 교통 사정과 생활환경이 열악한 편이다. 해발 2,000미터의 히말라야 산자락에 위치한 휴양도시 심라(Shimla)에 있는 비숍 코튼 스쿨(Bishop Cotton School)의 경우, 델리에서 승용차로 열 시간 넘게 걸린다. 굽이굽이 산을 넘고 넘어서야 도착할 수 있다. 아득한 산을 넘어가면서 문득 가슴이 먹먹해져왔다. 과연 이 먼 오지에 아이를 보내면서까지 공부를 시켜야 하는 걸까 하는 회의가 들었다.

초등학교 5학년 때 그곳에 유학 와서 중학교 2학년이 된 소년을 만날 수 있었다. 아이는 "아빠가 한국 학생이 많으면 영어 공부가 안 된다"면서 "한국 학생이 하나도 없는 이 학교에 들어오게 됐다"고 했다. 아들을 이 먼 오지에 두고 갈 때의 아버지 마음이 어땠을까. 가는 곳마다 만났던 한국 아이들의 앳된 눈망울이 잊히지 않는다.

미국 뉴욕에 갔을 때에는 여느 나라에서처럼 자녀교육에 헌신적인 어머니의 이야기를 접할 수 있었다. 뉴욕에서 승용차로 두 시간 거리의 폴링이라는 작은 시골마을에 위치한 트리니티 폴링 스쿨(Trinity-Pawling School)에는 한국 유학생 21명이 다니고 있는데, 한 학생을 제외하고는 모두가 기숙사에서 생활하고 있었다. 그 한 학생의 어머니는 아들의 공부를 뒷바라지하기 위해 그곳까지 따라와 우리나라의 작은 시골만 한 곳에서 마치 유배와 같은 생활을 하고 있었다. 기숙사를 마다하고 아들과 고생스러운 '유배 생활'을 자처한 것은 아들이 매주 토요일 뉴욕으로 택시를 타고 가 과외를 받게 하기 위해서다. 기숙사 생활을 하면 토요일마다 외출을 할 수 없기 때문이다.

한국 학부모들이 유별나고 독해진 것은 경쟁력 없는 공교육 등 정부의 교육 정책이 잘못된 데서 기인하는 바가 크다. 부모가 나서지 않으면 자녀를 자칫 둔재로 만들 수 있기에 누구나 '이기적인 부모'가 되지 않을 수 없는 것이다.

모든 일이 그렇지만 조기유학도 부모와 자녀가 의기투합해야 성공적으로 이끌어갈 수 있다. 오스트레일리아를 찾았을 때 들었던 한 조기유학생의 에피소드가 언뜻 떠오른다. 그 유학생은 부산에서 화물선을 타고 홍콩을 경유해 오스트레일리아에 도착했는데 한 달 넘게 걸렸다고 한다. 학생의 아버지는 "비싼 학비를 주고 유학하려면 부모가 얼마나 힘들게 돈을 버는지 알아야 한다. 돈의 가치를 알려면 먼저 어려움을 겪어봐야 한다"면서 막무가내로 화물선에 아들을 태워 보냈다. 그런데 그 학생은 부모를 원망하기는커녕 유학 생활을 성공적으로 잘하고 있다고 한다. 이 얼마나 지혜로운 자녀 사랑인가!

'방과후 활동'도 공부만큼 중시

세계의 명문학교에서는 단순히 공부만 잘한다고 해서 최고의 인재가 될 수 없다. 공부는 기본이고 여기에 스포츠, 방과후 클럽 활동과 봉사 활동도 두루 잘해야 한다.

　세계의 명문학교들이 한국의 학교들과 다른 점은 '스포츠'를 중시한다는 것이다. 언뜻 보기엔 대수롭지 않게 여겨질 수도 있지만, 그 차이는 이루 헤아릴 수 없으리라는 생각이 들었다. 한국에서는 체육 시간에 '목 돌리기 체조'를 하거나 맨땅에서 공을 차는 게 고작이다. 더군다나 중3이나 고3 시기에는 체육 시간이 아예 없는 학교가 많다. 운동을 시키려다 오히려 학생이나 학부모에게 원성을 사기 일쑤다.

　스포츠는 경쟁을 통해 관용의 정신을 배우는 장으로서 큰 역할을 한다. 서로 경쟁하면서도 단체를 위해 자신을 버리는 희생정신을 배울 수 있어, 세계적인 명문학교일수록 특히 스포츠를 중시한다. 종목도 럭비나 크리켓, 하키, 수중배구, 조정 등 다양하다. 하지만 우리나라 학생들은 체육 시간에 축구나 농구, 달리기를 하는 게 고작이다.

　세계의 명문학교들이 목표로 하는 핵심 인재는, 공부는 기본이요 여기에 인성과 운동 실력을 고루 갖춘 '엘리트 3관왕'이라고 할 수 있다. 단순히 지식만 갖춘 인간에 그치지 않고 자신이 속한 사회와 조화롭게 어울리는 사람, 남을 배려하는 사람, 문화적 다양성을 추구하는 사람이야말로 글로벌 시대에 미래의 세계를 이끌어나갈 수 있는 핵심 인재가 될 수 있다는 이유에서다.

　그렇지만 세계의 명문학교들은 학생들에게 자신이 '최고'라는 의식을 갖게 하되 이기적인 엘리트주의에 빠지지 않도록 가르친다. 최고의 인재를 키우되 우월감에 빠지지 않도록 엘리트주의를 철저하게 경계하는 교육을 시킨다. 더불어 학생들이 올바르게 행동할 수 있도록 독려하고 항상 자긍심을 키워준다. 세계의 명문학교 관계자들은 "최고의 학생을 원하지만 '속물'의 엘리트는 결코 원하지 않는다"고 공통적으로 강조한다.

가능하면, 명문 보딩스쿨에 보내라

"미국 사립학교들은 70년대까지는 유대인, 80~90년대에는 일본인, 2000년부터는 한국인 조기유학생들이 먹여 살리고 있다." 조기유학생을 뒷바라지하고 있는 한 어머니는 미국 사립학교의 분위기를 이렇게 전했다. 미국 사립 중·고교의 경우 한국 등의 해외 유학생들이 학교의 '명성'을 좌지우지하다시피 하고 있다는 것이다. 그런데 미국의 조기유학 붐은 머지않아 한국에서 중국으로 넘어갈 것으로 예상된다.

또한 조기유학 붐으로 인한 사회 문제도 나날이 깊어지고 있다. 기러기 아빠가 증가하면서 자녀교육으로 인해 부부의 결혼 생활이 파경으로 치닫기도 한다. 부부도 이제는 '자녀교육의 궁합'이 맞아야 하는 시대에 돌입한 것이다. 조기유학 등 자녀교육에 대한 의견이 맞지 않아 부부의 갈등이 급기야는 가족 해체로까지 이어지는 경우도 종종 볼 수 있다.

조기유학으로 인해 사회 문제가 대두되고 있는 우리나라의 현실을 감안한다면, 자연 속에서 엄격한 규율 아래 기숙사 생활을 하는 '보딩스쿨'이 대안이 될 수 있다. 자녀가 보딩스쿨에 다닐 경우 한쪽 부모가 아이를 따라갈 필요가 없으니 부부가 서로 떨어져 살지 않아도 된다. 또한 기숙사의 단체 생활을 통해 아이는 여러 인성교육도 받을 수 있다. 특히 보딩스쿨의 매력은 세계 각국에서 온 학생들과 공동 생활을 하면서 인간관계를 쌓을 수 있을 뿐만 아니라 협동심과 책임감, 독립심을 키우고 혼자 힘으로 살아가는 법을 청소년 시절부터 체득할 수 있다는 데에 있다.

지난해 5월부터 세계의 명문학교를 취재하기 위해 미국과 영국, 캐나다, 오스트레일리아 등의 영어권 국가뿐만 아니라 인도와 중국의 명문학교들을 차례로 탐방했다. 그리고 일 년에 걸쳐 경향신문 『뉴스메이커』지에 〈세계 명문학교를 가다〉 시리즈를 연재했다. 이 책에 소개된 보딩스쿨은 대부분 미국의 프렙리뷰닷컴(www.prepreview.com)에서 선정한 명문학교들이다.

　조기유학생들을 만나면서 느낀 점은 명문 보딩스쿨에 다니느냐 그렇지 않으냐에 따라 학생들의 태도에 크게 차이가 있다는 것이었다. 한마디로 명문 보딩스쿨에 다니는 학생들은 눈빛이 살아 있고 목표가 확실했다. 명문대학에 진학하고자 하는 열정 또한 대단했다. 학교 생활은 한국의 학생들과 비교가 안 될 정도로 빡빡했지만, 다들 고된 스케줄을 열심히 소화해 내고 있었다. 매일매일이 학과 수업과 방과후 활동의 연속이었고, 스포츠와 클럽 활동, 봉사 활동으로 딴생각을 할 여유가 없어 보였다. 명문학교에 다니는 학생들은 하나같이 "하루하루 일 초를 아껴가면서 인내하며 또다른 날을 준비하는 내 자신이 자랑스럽다"고 말한다.

　반면 입학하기가 비교적 수월한 학교에 다니는 학생들은 대부분 태도가 산만하고 학교 생활을 등한시하는 경향을 보인다. 삶의 목표가 없는 학교 생활은 따분할 수밖에 없다. 그러다 보면 쉽게 술과 담배, 이성 친구에게 빠져들게 된다.

　조기유학의 성패는 명문학교에 진학하느냐의 여부가 좌우한다고 해도 과언이 아니다. 조기유학을 보낼 경우 곧바로 명문학교에 들어가는 것이 힘들다면 ESL(비영어권 학생의 영어 지원 프로그램) 과정이 개설되어 있는 학교에 진학해 6개월이나 1년 정도 영어 수업에 대한 적응 기간을 거치는 것이 바람직하다.

명문 보딩스쿨들은 저마다 독특한 교육 시스템으로 세계를 이끌 이른바 '1% 인재'를 키우는 데 심혈을 기울이고 있다. 이 책에는 1% 인재를 키워내는 세계적인 명문 보딩스쿨의 교육 시스템에 대한 소개와 아울러 조기유학의 성공 노하우가 생생하게 담겨 있다. 조기유학을 통해 자녀를 미래 사회를 주도하는 글로벌 리더십을 갖춘 핵심 인재로 키우고자 하는 학부모들에게 더없이 유익한 길잡이가 될 것이라 확신한다.

2008년 여름
최효찬

| 차 례 |

Prologue | 명문학교는 공부·인성·운동의 '엘리트 3관왕'으로 키운다!　05

1장 미국 편

| 세계의 명문학교 1 | 필립스 엑시터 아카데미 … 16
창의적 인재를 만드는 '하크니스 테이블'의 위력
세계 명문학교의 핵심 공부법 1 … 토론과 발표에 적극적으로 임하라
✤ 미국 대학위원회가 선정한 고교 추천도서 101권

| 세계의 명문학교 2 | 로렌스빌 스쿨 … 40
아이비리그에 60명씩 합격시키는 '멘토 시스템'
세계 명문학교의 핵심 공부법 2 … 운동은 필수, 스포츠를 통해 협동심을 키워라
✤ 미국의 보딩스쿨 톱 30

| 세계의 명문학교 3 | 트리니티 폴링 스쿨 … 60
공부는 성취만큼 과정도 중요하다
세계 명문학교의 핵심 공부법 3 … '이기적인 영재'보다 '노력하는 둔재'가 되어라
✤ 미국의 보딩스쿨 톱 100

2장 영국 편

| 세계의 명문학교 4 | 세븐옥스 스쿨 … 80

공부만 잘해선 '1% 인재'가 될 수 없다
세계 명문학교의 핵심 공부법 4 … 남을 배려하는 '인성 엘리트'가 되어라

| 세계의 명문학교 5 | 톤브리지 스쿨 … 100

감성교육을 중시하는 독특한 '하우스 시스템'
세계 명문학교의 핵심 공부법 5 … 방과후 활동을 공부만큼 중시하라

| 세계의 명문학교 6 | 차터하우스 스쿨 … 118

최고의 인재로 키우되 '엘리트주의'를 경계한다
세계 명문학교의 핵심 공부법 6 … '최고'라는 자부심을 갖되 '속물'은 되지 마라
✽ 『더 타임즈』가 선정한 영국의 사립학교 톱 100

3장 캐나다 편

| 세계의 명문학교 7 | 트리니티 칼리지 스쿨 … 140

개성 있는 인재가 세상을 바꾼다
세계 명문학교의 핵심 공부법 7 … 자신만의 숨은 재능을 찾아 가꿔라

| 세계의 명문학교 8 | 애플비 칼리지 … 160

아이비리그로 가는 중간 기착지
세계 명문학교의 핵심 공부법 8 … 대자연 속에서 자신을 단련하며 리더십을 키워라
✽ 캐나다의 보딩스쿨 톱 20

4장 오스트레일리아 편

| 세계의 명문학교 9 | 세인트 마거릿 앵글리칸 걸스 스쿨 … 178
롱스커트 교복과 보수적 분위기의 여학교
세계 명문학교의 핵심 공부법 9 … '다함께 최고'가 되도록 서로 응원하라
✤ 오스트레일리아의 주요 사립학교

5장 인도 편

| 세계의 명문학교 10 | 우드스탁 스쿨 … 200
자유롭고 개방적인 분위기가 매력인 히말라야 산상학교
세계 명문학교의 핵심 공부법 10 … 드넓은 세계를 무대로 꿈을 키워라
✤ 인도의 주요 보딩스쿨

Epilogue | '1% 인재'는 인성교육에 달려 있다   224

부록 | 전문가가 말하는 조기유학 성공의 조건   229

I
미국 편

· · ·

필립스 엑시터 아카데미

로렌스빌 스쿨

드리니티 폴링 스쿨

| 세계의 명문학교 1 |

필립스 엑시터 아카데미
Phillips Exeter Academy

창의적 인재를 만드는
'하크니스 테이블'의 위력

❋ 세계 명문학교의 핵심 공부법 1
… 토론과 발표에 적극적으로 임하라

'1% 인재의 산실' 프렙스쿨

　세계적인 명문 사립학교가 즐비한 미국은 한국의 학부모들이 조기유학 희망 1순위로 꼽는 나라다. 미국에서도 아이비리그 대학 진학을 목표로 하는 학생과 학부모들은 우선 '프렙스쿨(Preparatory school)'에 입학하려고 애쓴다. 미국의 '프렙스쿨'은 아이비리그와 인접한 미국 동북부 뉴잉글랜드와 보스턴 지역에 주로 몰려 있는 명문 사립학교를 지칭하는 용어다.

　미국의 사립학교는 줄잡아 1,400여 개에 이르는데, 한국 조기유학생들이 주로 입학하고자 하는 학교가 바로 프렙스쿨이라 불리는 명문 사립학교다. 프렙스쿨은 원래 미국 동북부 상류층 자녀들이 아이비리그 진학을 준비하는 학교로 명성을 얻기 시작했다. 각 학교당 전체 학생 수는 300~1,000명 정도로 최근에는 미국 전역과 세계 각지에서 학생들이 몰려들어 입학률이 갈수록 치열해지고 있다.

대표적인 프렙스쿨로는 매사추세츠 주에 있는 필립스 아카데미(Phillips Academy, 일명 앤도버Andover), 디어필드 아카데미(Deerfield Academy), 그로턴 스쿨(Groton School), 밀턴 아카데미(Milton Academy), 코네티컷 주에 있는 초우트 로즈메리 홀(Choate Rosemary Hall), 하치키스 스쿨(The Hotchkiss School), 뉴햄프셔 주의 필립스 엑시터 아카데미(Phillips Exeter Academy), 세인트 폴 스쿨(St. Paul's School), 뉴저지의 로렌스빌 스쿨(Lawrenceville School), 미들섹스 스쿨(Middlesex School) 등이 꼽힌다.

이들 학교는 미국에서 톱 10위 안에 드는 명문학교다. 한국의 조기 유학생들은 상위 100위권(SAT 기준) 안에 드는 학교나 보딩스쿨 톱 30위 안에 드는 학교에 진학하려고 한다. 이 장에서 소개할 필립스 엑시터 아카데미와 로렌스빌 스쿨은 프렙리뷰닷컴에서 조사한 미국 보딩스쿨 톱 30위권에서 각각 6위와 10위를 차지할 정도로 우수한 명문학교로 통한다. 초우트 로즈메리 홀은 케네디 대통령의 모교여서 우리나라 학부모들에게는 더욱 인기가 많다. 이들 프렙스쿨의 연간 학비는 3만 5천 달러 이상(기숙생 기준)이다.

프렙스쿨은 최근 몇 년 사이에 입학을 희망하는 한국 학생이 쇄도하고 있지만 대부분 엄격하게 합격자 수를 제한하고 있다. 대개 유학생 비율이 10%를 넘지 않는다. 한 국가의 학생 수가 많으면 한데 어울려 다니면서 여러 가지 문제를 일으키기 때문이다.

미국에 유학중인 한국 학생은 모두 10만 6천여 명에 이르고, 그중 4만

✤ 미국 최고의 명문 사립학교로 꼽히는 필립스 엑서터 아카데미 전경. 조기유학을 보내려는 한국 학부모들에게는 '가까이하기에는 너무 먼 학교'인지도 모르겠다. 그렇지만 학부모들의 교육열에 힘입어 매년 조기유학생들의 도전은 그칠 줄을 모른다.

여 명이 조기유학생이다. 하지만 이중에서 명문 사립학교인 프렙스쿨에 다니는 조기유학생은 극소수여서, 프렙스쿨마다 2~3명에 불과하고 많아도 10명을 넘지 않는다. 그리고 한국에서 간 조기유학생보다 교포 자녀들이 더 많다.

조기유학생은 교포 학생들과도 경쟁해야 하는 등 입학하기가 점점 어려워지고 있다. 실제로 한국 학생 수는 상위권에서 밀려나는 학교일수록 많아진다. 최고 명문학교의 한국 조기유학생이 10명 안팎이라면 100위권 학교는 20명, 100위권 밖의 학교는 그 이상이라고 보면 된다.

프렙스쿨의 수업은 일반 고교와 달리 대학교의 교과 과정과 비슷하다. 수업도 학년별로 진행되는 것이 아니라 대부분 선택과목으로 진행되며, 명문대학 진학을 위해 SAT(Scholastic Aptitude Test)를 준비한다.

기숙사형 사립 고등학교인 보딩스쿨(대부분이 9~12학년 과정이지만 일부는 8~12학년 과정)은 현재 미국 사립학교협회에 250개교가 등록되어 있다. 이 가운데 ESL 프로그램을 제공하는 학교는 150곳 정도다. 물론 최상위급 보딩스쿨에는 ESL 프로그램이 마련되어 있지 않다.

미국의 공립학교는 학비가 거의 없지만 외국 유학생은 입학 허가를 받을 수 없다. 우리나라 학생이 미국 공립학교에 입학하려면 이민을 가든가 아니면 교환학생 프로그램을 이용하는 길밖에 없다. 관광 비자를 이용해 미국에 입국한 후 편법으로 공립학교에 들어가는 경우도 더러 있으나 불법이어서 사후에 불이익을 당할 수 있다. 반면 캐나다의 경우, 외국 유학생이라도 등록금을 내면 공립학교에 입학할 수 있다.

사립학교에 지원하기 위해서는 SAT 성적이 최상위권에 들어야 하고 예체능 실력도 갖춰야 한다. 성적만으로는 입학하기가 쉽지 않다는 말이다. 입학 신청 마감은 보통 1~2월이며, 명문 사립 보딩스쿨의 등록금은 연간 4만~5만 달러에 달한다.

토론식 수업을 통해 최고 명문학교로 우뚝 서다

미국의 명문 사립학교인 프렙스쿨은 뉴햄프셔와 매사추세츠 주 등 보스턴 인근에 몰려 있다. 그 가운데 미국 최고의 명문 사립학교로 꼽히는 필립스 엑시터 아카데미(Phillips Exeter Academy)에 두 아이를 보내 교포 사회에서 자녀교육에 성공한 주인공으로 회자되는 김미라 씨를 만났다. 김씨는 이공명과 이솔 두 남매를 필립스 엑시터 아카데미에 보냈는데, 아들 공명군은 이 학교를 졸업하고 현재 스탠퍼드 대학에서 컴퓨터사이언스를 공부하고 있고, 딸 솔양은 필립스 엑시터 11학년에 재학중이다.

김씨는 컴퓨터 회사에 다니는 남편을 따라 두 남매를 데리고 13년 전에 보스턴에 왔다. 아이들이 각각 여섯 살, 네 살 때였다. 그러다 남편은 직장 때문에 다시 한국으로 돌아가고 김씨와 두 남매는 학교를 마치기 위해 보스턴에 남았다고 한다.

"두 아이를 필립스 엑시터에 보내자 주변에서는 자녀교육에 성공했다고 말합니다. 아이들이 열심히 해주었기에 가능했죠. 저도 부업으로 한국 유학생을 돌봤어요. 직장 월급만으로 두 아이를 사립학교에 보낸다는 게 쉽지 않거든요."

두 아이가 미국 최고의 사립학교에 들어간 노하우를 묻자 그는 "무엇보다 학교와 '궁합'이 맞아야 한다"고 강조했다. 미국 명문 사립학교는 학교마다 특성이 있어, 학생들이 학교의 특성을 파악한 뒤 입학해야 나중에 후회하지 않는다는 것이다. 트레이드마크라고 할 수 있는 토론식 수업과 함께 수준 높은 과학과 수학 수업으로 명성이 높은 필립스 엑시터의 경우 우선 학생이 과학과 수학에 재능이 있으면 한결 유리하다.

김씨는 "아들 공명이는 수학과 과학에 재능을 보였는데 필립스 엑시터가 이 분야에 명성이 있는 학교여서 학교 생활을 더 잘할 수 있었다"고 말했다. 또한 적극적인 성격으로 토론과 발표에 활발하게 임한 것도 학교 생활을 잘할 수 있었던 비결이다.

학교와 학생 간에 궁합(적성)이 맞는 경우 학창 시절을 더 잘 보낼 수 있다는 것은 두말할 나위가 없다. 그래서인지 재학중에 김씨의 아들은 컴퓨터 대회에 나가 우수한 성적을 거두기도 했고, 수학과 과학에서 두각을 보여 마침내 스탠퍼드 대학에 입학할 수 있었다.

하지만 김씨는 남편과 떨어져 지내면서 마음이 까맣게 탔다고 털어놓았다. 부모의 헌신적인 도움으로 두 자녀는 어엿한 명문학교에 들어갈 수 있었지만 그 뒷바라지는 힘들 수밖에 없기 때문이다. 새삼 숙연한 마음이 들었다.

하크니스 테이블의 원조

원탁(round-table)은 자유로운 토론을 상징한다. 원탁은 6세기 영국의 실제 인물을 바탕으로 만들어진, 아서 왕과 그의 원탁에 모인 기사들의 활약을 그린 모험담인 「원탁의 기사」에서 유래한다. 원탁은 마법사 멀린이 만든 것으로, 멀린은 이 원탁을 만든 뒤 전국의 영주와 기사들을 불러 모아 왕에게 충성하고 서로 도움과 협력을 주고받겠다는 맹세를 하게 했다. 멀린은 원탁을 만들 때 그리스도의 사도 13명을 기리기 위해 좌석을 13개 만들었는데, 이중 12개 좌석만 명망 높은 기사들이 앉을 수 있게 했다. 마지막 열세번째 자리는 배신자 유다를 상징하는 자리로, 그 자리만큼은 항상 비워두었다고 한다.

원탁 토론은 「원탁의 기사」에서처럼 10명 내외의 소규모 집단이 서로 대등한 입장에서 자유롭게 의견을 나누는 방식으로 진행되는 토론을 말한다. 최근 우리나라에서도 토론식 수업에 대한 비중과 중요성이 높아졌지만, 원탁 토론은 교육선진국에서는 이미 명문 사립고등학교마다 경쟁적으로 도입하고 있는 수업 방식이다.

필립스 엑시터 아카데미는 창의적인 인재를 키우기 위해 1930년대부터 토론식 수업을 해오고 있는 학교로 명성이 높다. 필립스 엑시터는 토론식 수업을 위한 타원형 탁자인 일명 '하크니스 테이블(Harkness table)'의 원조 학교로 불린다. '하크니스 테이블'이라는 용어는 미국의 석유 재벌이자 자선사업가인 에드워드 하크니스(Edward Harkness)가 1930년에 이 학교에 거액을 기증하면서 유래되었다. 하크니스는

✱ '엑시터'의 영문 이니셜이 새겨진 대형 티셔츠 사진 아래에서 두 학생이 담소를 나누고 있다. 학생들은 'EXETER' 로고가 늘어간 이 셔츠를 입기 위해 얼마나 많은 밤을 지새웠을까.

수업 방식을 질적으로 바꾸지 않으면 창의적인 학생을 키울 수 없다면서 거액을 기부했고, 이에 학교 측은 토론식 수업을 위한 원탁을 도입해 수업 방식을 바꾸었다. 그 뒤로 그의 이름을 딴 '하크니스 테이블'은 토론식 수업용 테이블의 대명사가 되었다. 이후 미국뿐 아니라 캐나다 등지에서도 하크니스 테이블을 도입하면서 토론식 수업의 상징으로 각 학교에서 활용하고 있다.

필립스 엑시터는 영어뿐만 아니라 수학과 과학도 토론식 수업을 할 정도여서 토론을 즐기는 학생이어야 학교 생활에 잘 적응할 수 있다. 앞에 나서기를 꺼리는 소극적인 학생은 토론식 수업에서 뒤처지게 마련이다. 소극적인 학생이라도 수업 준비를 잘해서 토론에 열심히 참여할 수도 있겠지만, 아무래도 적극성과 실력을 두루 갖춘 학생을 따라가기란 쉽지 않을 것이다.

하크니스 테이블의 토론식 수업 덕분인지 필립스 엑시터는 미국의 명문 사립학교(프렙스쿨) 중에서도 단연 으뜸으로 꼽힌다. 미국 프렙리뷰닷컴의 조사 결과, 아이비리그 진학률이 29%로 보딩스쿨 가운데 6위를 차지했다. 1위는 세인트 폴 스쿨로 10명 중 3명 이상(34%)이 아이비리그에 진학했다.

1781년에 설립된 필립스 엑시터 아카데미는 학생 수(9~12학년)가 1,045명으로 보딩스쿨 가운데 3위로 많다. 부시 대통령 부자를 배출한 같은 재단의 필립스 아카데미 앤도버(Phillips Academy Andover)는 2위로 총 학생 수가 1,100명이다. 참고로 학생 수가 가장 많은 학교는 볼스 스쿨(The Bolles school)로 1,120명에 이른다.

필립스 엑시터 아카데미는 학생과 교사 비율이 5대 1이고, 한 반의 인원은 12명에 불과하다. 기숙사에서 생활하는 학생이 81%이고, 외국 유학생 비율은 9% 정도로 30개국에서 온 학생들이다. 캠퍼스 규모는 58만 평(471에이커)에 달한다.

학생들은 대부분 오후 6시까지 수업을 받는다. 수업 시간표는 빡빡하지만 틈틈이 알아서 운동도 하고 숙제도 해야 한다. 방과후 과외 활동을 할 수 있는 학생 클럽은 미국 사립학교 가운데 최다인 110개, 스포츠 종목은 20개에 이른다. 그만큼 학생들의 인성교육을 위해 학교에서 최대한 지원해 주는 것이다.

필립스 엑시터 아카데미는 미국 최고의 사립고등학교라는 명성 탓에 한국의 조기유학생이 입학하기가 결코 만만치 않다. 이 학교의 입학 담당자인 미카엘 게리 씨는 "지원자 10명 중 2~3명이 겨우 입학할 수 있을 정도"라고 전했다. "우선 수학이나 과학에 재능이 있어야 입학에 유리합니다. 입학해서는 토론식 수업에 잘 적응해야 하고요. 물론 숙제를 제대로 해 가지 못하면 토론에 낄 수 없죠. 토론을 해보면 이 학생이 공부를 제대로 했는지 금방 드러나니까요."

관련 도서를 충분히 읽고 토론에 필요한 질문을 정리해 두지 않고서는 토론 수업에 적극적으로 참여할 수가 없다. 수업 때 교사는 토론을 위한 보조자나 조언자 역할에 머물면서 학생이 적극적으로 참여해 자신의 논리를 전개하도록 유도한다. 실제로 토론식 수업은 학생들의 비판적 사고력과 의사표현 능력, 지적 능력을 키우는 데 매우 효과적이다.

필립스 엑시터 아카데미는 보스턴에서 승용차로 1시간가량 걸리는

✾ 필립스 엑시터의 상징인 도서관. 소장 도서가 15만 권에 이르고, 학생들을 위한 개인용 좌석 제도를 시행하고 있다.

뉴햄프셔 주의 조그마한 시골인 엑시터에 위치해 있다. 중앙 도로 양편으로 학교 건물들이 들어서 있는데, 그중 단연 눈에 띄는 곳은 다름 아닌 도서관으로 토론식 수업의 원조답게 학생들을 위한 최고의 시설을 제공하고 있다. 소장 도서가 14만 5천여 권에 이르며, 특히 도서관의 내부 디자인이 매우 독특하다. 콘크리트 벽면은 언뜻 삭막한 느낌을 주면서도 창의적인 분위기를 풍긴다. 또한 학생들을 위한 개인용 좌석 제도를 시행하고 있는 점도 주목할 만하다.

자동차 정비사로 일하고 아이비리그에 들어가다

최고의 명문학교답게 필립스 엑시터 아카데미에서는 공부 이외에도 운동과 봉사, 토론, 수학, 과학 등 다양한 클럽 활동을 해야 한다. 방과후 활동이 대학 진학에 영향을 미치기 때문이다. 따라서 재학생들은 지식뿐 아니라 인성을 고루 갖춘 엘리트가 되기 위해 스스로 노력을 아끼지 않는다.

김미라 씨는 "아들 공명이는 9학년을 마치고 자동차 정비사로 일하면서 혼자서 어려움을 극복하는 '학교 밖 공부'를 스스로 했다"고 말했다. 4년 내내 도서관에서 일주일에 6시간씩 사서 보조일을 하기도 했다. 공명군은 고교 졸업 후 겨울방학 때는 반도체 회사에서 인턴십으로 일했다고도 한다. 김씨는 "스탠퍼드 대학에 원서를 낼 때 정비사로 일한 경험을 에세이로 제출했는데, 이 역시 합격에 큰 영향을 미친 것 같다"고 말했다. "이러한 경험이 중요한 것은 지식과 인성을 고루 제대로 갖춘 엘리트가 리더십을 발휘할 수 있기 때문이죠. 한국에서는 좋은 학교를 나와도 이러한 경험을 별로 중시하지 않지만 미국에서는 아주 큰 부분을 차지합니다. 명문대에 들어가려면 반드시 지식 엘리트뿐 아니라 인성 엘리트, 나아가 스포츠 엘리트가 되어야 합니다."

필립스 엑시터 아카데미의 학생들은 치열하게 경쟁하면서도 이기적이지 않고 서로 '배려'하려고 노력한다. 필자가 인터뷰한 학생 중에, 한국에서 용인외국어고를 다니다가 유학을 온 여학생이 있었다. 그 학생은 한국에서는 공부할 때 친한 친구들끼리도 '살벌하게' 경쟁하는 이기적인 분위기가 팽배해 있는 것이 너무 싫어서 유학을 결심했다고 한다. 외국어고에 다닌 덕분에 영어로 하는 수업에 익숙해 다른 학교를 거치지 않고 곧바로 이 학교에 들어왔다는 그 여학생은 "이곳 학생들에게는 자기 혼자만 잘되려고 하는 이기주의적인 모습은 찾아볼 수 없다"고 말했다.

1% 인재를 키워내는 세계 '열성 부모'들의 변천사

'유대인에서 일본인, 한국인 그리고 중국인으로.'
필립스 엑시터의 스쿨투어에 동행한 김미라 씨가 대뜸 이 말의 의미가 무엇인 것 같으냐고 물었다. 필자가 고개를 갸웃거리자 김씨는 지금까지 미국 명문 사립학교에 치맛바람을 일으킨 민족이나 국가를 말

❋ 필립스 엑시터 아카데미의 사이언스 센터 전경

한다고 했다. 달리 말하면 20세기 이후 미국의 명문 사립학교를 먹여 살린 민족이나 국가라는 것이다.

　미국의 명문 사립학교는 1960년대까지는 유대인들의 치맛바람으로 미국 내 소수민족 가운데 유대인 입학생이 가장 많았다고 한다. 명문 학교 어디를 가도 유대인 학생들이 가득했고 치맛바람을 일으키는 학부모들로 북적였다. 20여 년 전부터는 유대인에 이어 일본인이 미국 명문 사립학교의 치맛바람을 주도했다. 그 뒤를 이어 1990년대부터는 한국에서 미국 조기유학 바람이 불기 시작해 지금까지 한국 조기유학생과 학부모들로 북적이고 있다. 그리고 2000년 이후에는 중국이 가세하기 시작하면서 앞으로는 중국 학부모들이 미국 내 조기유학을 주도하게 될 거라는 예측이 지배적이다. 뉴욕 등 학교 곳곳에서 한국의 유학생, 학부모보다 중국의 유학생이나 학부모가 이미 그 수를 능가하고 있다고 한다. 되새겨볼수록 일리가 있는 말이다.

그러고 보면 우리나라는 일본을 거의 모든 분야에서 20년 정도 뒤늦게 따라가고 있는 셈이다. 시행착오도 어김없이 답습하고 있다. 물론 아직도 오스트레일리아 등지에는 일본 유학생이 많은 편이지만 일본의 조기유학 붐은 거의 꺼져가고 있는 상태다. 반면 일본의 해외 유학은 '전문직'으로 이동하고 있는 추세라고 유학 관계자들은 전한다. 직업적인 실무를 배우기 위해 아트 분야 등에서 세계적으로 유명한 대학에 진학한다는 것이다.

미국 사립학교의 열성 부모들이 유대인-일본인-한국인-중국인 순으로 바뀌어간다는 것은, 달리 말하면 세계사를 주도하는 핵심 인재들이 이들 민족으로 바뀌고 있는 것이라고 볼 수 있다. 미국 조기유학의 국가별 추이를 보면 세계 경제를 주도하는 국가의 성장 엔진을 보여준다고 할 수 있을 것이다. 그런 점에서 조기유학을 또다른 의미로 재평가할 수 있지 않을까.

세계 명문학교의 핵심 공부법 1
… 토론과 발표에 적극적으로 임하라

우리나라 조기유학 성공 스토리의 상징인 홍정욱 씨(전 헤럴드미디어 대표, 18대 국회의원)는 중3 때인 1970년에 미국 유학길에 올랐다. 홍씨는 케네디 대통령의 모교인 초우트 로즈메리 홀을 거쳐 하버드 대학을 졸업하면서 성공적인 조기유학생의 표본이 되었다. 지금도 수많은 조기유학생들이 그를 역할모델 삼아 조기유학길에 오르고 있다. 그가 쓴 『7막 7장』은 조기유학생들에게 일종의 '바이블'로 통할 정도로 인기가 높다.

> 인간은 정지할 수 없으며 정지하지 않는다.
> 그래서 현 상태로 머물지 아니하는 것이 인간이며, 현 상태로 있을 때 인간은 가치가 없다. - 장 폴 사르트르
>
> 시저의 야망이 아닐 바에야 아무것도 필요 없다. - 보르지아
>
> 부모는 자식을 쏘아 올리는 활 - 칼릴 지브란

『7막 7장』을 읽다 보면 우선 홍씨가 인용한 동서양의 수많은 고전들과 방대한 지식에 놀라게 된다. 단순히 저서들의 내용을 소개하는 것에

그치지 않고 책의 내용에 적합한 문구를 적시적소에 인용해 글의 전개를 훨씬 풍요롭게 하고 이해가 쉽도록 배려했기 때문이다. 페이지를 넘길 때마다 '얼마나 많은 책을 읽었기에 이런 인용구가 나올 수 있을까' 하는 생각이 절로 든다.

해답은 바로 책 속에 있었다.

대다수의 세계적인 명문 사립학교들과 마찬가지로 초우트 로즈메리 홀에서도 소설, 철학, 과학, 성경, 신화, 역사 등의 세계적 고전을 읽고 발표하고 에세이를 과제물로 제출하는 방식으로 수업한다. 따라서 학생들은 이미 고교 시절에 수백 권의 책을 읽고 토론을 하고 에세이를 쓰면서 책 속의 다양한 지식과 세계관을 접하고, 세상을 보는 다양한 관점과 시야, 사고력을 갖추게 되는 것이다. 홍씨는 이미 고교 때부터 세계 고전으로 통하는 문학작품 등을 수업 시간에 공부함으로써 풍부한 지식과 세상 보는 눈을 키웠을 것이다. 더욱이 그는 하버드 대학에 진학해서는 훨씬 더 체계적인 독서와 공부를 할 수 있었다.

미국 명문 사립학교를 취재하다가 우연히 자료 하나를 보게 되었는데, 바로 미국 대학위원회(College Board)에서 선정한 '미국 고교생이 읽어야 할 101권의 권장도서 목록이었다. 미국 대학위원회는 SAT를 주관하는 곳인 만큼, 이는 미국의 대학 진학을 준비하는 학생들이나 SAT 대비생들이 꼭 읽어야 할 도서 목록이라고 할 수 있다.

권장도서를 보고 필자가 충격을 받은 것은 우리나라의 대학 영문과 학생들도 거의 읽지 않는 책들이 수두룩했기 때문이다. 101권 목록을 보니, 그리스 비극인 호메로스의 작품을 비롯해 소포클레스의 『안티고네 Antigone』, 미국의 현대 작가인 토머스 핀천의 『제49호 품목의 경매 The Crying of Lot 49』 등 고전과 현대 소설에 이르기까지 실로 다양했다. 치누아 아체베의 『모든 것은 무너진다 Things Fall Apart』, 토니 모리슨의 『비러브드 Beloved』 등은 흑인을 다룬 소설로 우리나라에 잘 알려져 있지 않은 작품이다.

세계의 유명 보딩스쿨 중에서는 미국이나 영국의 학교들이 최고의 명성을 자랑한다. 당연히 등록금도 세계 최고 수준으로 한 해 평균 5~6천만 원에 이르고, 교육 또한 최고 수준이다.

세계적인 명문 보딩스쿨에 들어가 졸업할 때까지 제대로 공부하면, 우리나라에서 대학과 대학원을 나와도 읽지 못하는 소설을 다 읽게 되는 셈이다. 필립스 엑시터 아카데미를 비롯해 로렌스빌 스쿨, 캐나다의 애플비 칼리지 등 세계적인 명문학교일수록 영어 수업은 대부분 토론식으로 진행된다. 엑시터의 경우처럼 과학이나 수학까지 토론식으로 진행하기도 한다(이를 영어 몰입 수업이라고 하는데, 이명박 정부가 도입하려다 반대에 부딪쳐 좌절되었다). 또한 학생들은 토론하는 데에 그치지 않고 읽은 책에 대해 에세이를 쓰면서 풍부한 독서와 함께 글쓰기를 경험하게 된다.

우리나라 고교 교육으로 눈길을 돌리면 참담한 생각마저 든다. 다양한 독서와 글쓰기를 하지 않고 영어 단어나 문법만 외우면서 대부분의 시간을 보내니 말이다. 대학도 사정은 마찬가지다. 한 번은 연세대에서 강의를 하는데, 학생들에게 독서와 신문 읽기를 주문했다가 "영어 공부하느라 책 읽을 여유가 없다"는 말을 듣기도 했다.

　영어 교재만으로는 글로벌 인재를 만들어낼 수 없다. 이스라엘에서는 초등학교 때부터 하루 3권 이상 책을 읽도록 과제를 낸다. 그렇게 자란 인재들이 세계의 글로벌 인재가 되는 것이다. 우리나라의 교육도 풍부한 고전 읽기와 쓰기를 통해 어휘력과 사고력, 세상에 대한 관점을 넓히는 방식으로 달라져야 하지 않을까.

　우리나라 사람이 영어로 원활하게 소통하기 위해서는 먼저 '교재식 수업'에서 하루빨리 벗어나야 한다. 예를 들어 교재 대신 '대학교육협의회'와 같은 기관에서 영어로 된 '고교 추천도서 100권'을 선정해야 한다. 100권에는 고전부터 현대까지의 문학작품과 역사서, 철학서 등이 포함되어야 함은 물론이다. 100권의 추천도서를 토대로 고등학교를 마칠 때까지 영어 시간에 토론하고 에세이를 쓰게 하고, 입시 때에도 영어 시험뿐만 아니라 논술 시험도 이 텍스트를 중심으로 출제하면 된다.

　이렇게 하면 학생들은 영어 읽기부터 말하기, 쓰기를 모두 할 수 있고 나아가 풍부한 고전을 읽음으로써 평생의 양식을 얻을 수 있다. 영어 교재 위주의 수업은 점수를 따기 위한 소품에 불과하기 때문에 점수만 따면 그만이다. 더이상 재활용되지 않는다. 그렇지만 100권의 추천도서는 두고두고 삶에 양식을 제공할 것이다. 토론할 때나 대화할 때, 상상과 아이디어가 필요할 때, 또는 삶을 회고할 때 보석 같은 등불이 되어줄 것이기 때문이다.

미국 대학위원회가 선정한 고교 추천도서 101권

저자 Author	제목 Title
작자미상	Beowulf
Achebe, Chinua	Things Fall Apart
Agee, James	A Death in the Family
Austen, Jane	Pride and Prejudice
Baldwin, James	Go Tell It on the Mountain
Beckett, Samuel	Waiting for Godot
Bellow, Saul	The Adventures of Augie March
Bront, Charlotte	Jane Eyre
Bront, Emily	Wuthering Heights
Camus, Albert	The Stranger
Cather, Willa	Death Comes for the Archbishop
Chaucer, Geoffrey	The Canterbury Tales
Chekhov, Anton	The Cherry Orchard
Chopin, Kate	The Awakening
Conrad, Joseph	Heart of Darkness
Cooper, James Fenimore	The Last of the Mohicans
Crane, Stephen	The Red Badge of Courage
Dante	Inferno
Cervantes, Miguel de	Don Quixote
Defoe, Daniel	Robinson Crusoe
Dickens, Charles	A Tale of Two Cities
Dostoyevsky, Fyodor	Crime and Punishment
Douglass, Frederick	Narrative of the Life
Dreiser, Theodore	An American Tragedy
Dumas, Alexandre	The Three Musketeers
Eliot, George	The Mill on the Floss
Ellison, Ralph	Invisible Man
Emerson, Ralph Waldo	Selected Essays
Faulkner, William	As I Lay Dying
Faulkner, William	The Sound and the Fury
Fielding, Henry	Tom Jones

미국 편 | 37

Fitzgerald, F. Scott	The Great Gatsby
Flaubert, Gustave	Madame Bovary
Ford, Ford Madox	The Good Soldier
Goethe, Johann Wolfgang von	Faust
Golding, William	Lord of the Flies
Hardy, Thomas	Tess of the d'Urbervilles
Hawthorne, Nathaniel	The Scarlet Letter
Heller, Joseph	Catch 22
Hemingway, Ernest	A Farewell to Arms
Homer	The Iliad
Homer	The Odyssey
Hugo, Victor	The Hunchback of Notre Dame
Hurston, Zora Neale	Their Eyes Were Watching God
Huxley, Aldous	Brave New World
Ibsen, Henrik	A Doll's House
James, Henry	The Portrait of a Lady
James, Henry	The Turn of the Screw
Joyce, James	A Portrait of the Artist as a Young Man
Kafka, Franz	The Metamorphosis
Kingston, Maxine Hong	The Woman Warrior
Lee, Harper	To Kill a Mockingbird
Lewis, Sinclair	Babbitt
London, Jack	The Call of the Wild
Mann, Thomas	The Magic Mountain
Marquez, Gabriel Garcia	One Hundred Years of Solitude
Melville, Herman	Bartleby the Scrivener
Melville, Herman	Moby Dick
Miller, Arthur	The Crucible
Morrison, Toni	Beloved
O'Connor, Flannery	A Good Man is Hard to Find
O'Neill, Eugene	Long Day's Journey into Night
Orwell, George	Animal Farm
Pasternak, Boris	Doctor Zhivago
Plath, Sylvia	The Bell Jar
Poe, Edgar Allan	Selected Tales

Proust, Marcel	Swann's Way
Pynchon, Thomas	The Crying of Lot 49
Remarque, Erich Maria	All Quiet on the Western Front
Rostand, Edmond	Cyrano de Bergerac
Roth, Henry	Call It Sleep
Salinger, J.D.	The Catcher in the Rye
Shakespeare, William	Hamlet
Shakespeare, William	Macbeth
Shakespeare, William	A Midsummer Night's Dream
Shakespeare, William	Romeo and Juliet
Shaw, George Bernard	Pygmalion
Shelley, Mary	Frankenstein
Silko, Leslie	Marmon Ceremony
Solzhenitsyn, Alexander	One Day in the Life of Ivan Denisovich
Sophocles	Antigone
Sophocles	Oedipus Rex
Steinbeck, John	The Grapes of Wrath
Stevenson, Robert Louis	Treasure Island
Stowe, Harriet Beecher	Uncle Tom's Cabin
Swift, Jonathan	Gulliver's Travels
Thackeray, William	Vanity Fair
Thoreau, Henry David	Walden
Tolstoy, Leo	War and Peace
Turgenev, Ivan	Fathers and Sons
Twain, Mark	The Adventures of Huckleberry Finn
Voltaire	Candide
Vonnegut, Kurt Jr.	Slaughterhouse-Five
Walker, Alice	The Color Purple
Wharton, Edith	The House of Mirth
Welty, Eudora	Collected Stories
Whitman, Walt	Leaves of Grass
Wilde, Oscar	The Picture of Dorian Gray
Williams, Tennessee	The Glass Menagerie
Woolf, Virginia	To the Lighthouse
Wright, Richard	Native Son

|세계의 명문학교 2|

로렌스빌 스쿨
Lawrenceville School

:

아이비리그에 60명씩
합격시키는 '멘토 시스템'

❖ 세계 명문학교의 핵심 공부법 2
… 운동은 필수, 스포츠를 통해 협동심을 키워라

아이비리그에만 매년 60명씩 진학하다

　뉴저지의 프린스턴 대학교 인근에 있는 로렌스빌 스쿨(Lawrenceville School)은 1810년에 설립된 전통 있는 학교로 아이비리그에 매년 60명씩 입학할 만큼 우수한 인재들이 많다. 한 학기가 끝날 즈음이면 학부모를 초청해 학교설명회를 열고 의견을 수렴하는데, 학교설명회가 있는 날이면 아무리 궂은 날씨라도 교정은 학부모가 타고 온 차들로 빼곡하다.

　로렌스빌 스쿨은 당초 여학교로 출발했다가 1987년부터 남녀공학으로 바뀌었다. 9~12학년의 전체 학생 수는 795명(보딩 537명)이고, 학급당 학생 수는 12명에 불과하다. 교사와 학생 비율은 1대 8로, 이 정도 비율쯤 되면 교사는 학생들의 모든 것을 파악해 최고의 멘토 역할을 할 수 있다.

캠퍼스는 83만 평(700에이커) 규모의 드넓은 부지를 자랑한다. 쉽게 비유하자면 이는 우리나라 명문대학인 연세대나 고려대의 캠퍼스보다 더 넓은 규모다. 세계 최고 수준의 복합 실내체육관을 비롯해 누가 봐도 부러워할 정도의 교육 환경과 시설을 갖추고 있다.

"로렌스빌에서 배운 사고방식이야말로 제가 노벨상을 받을 수 있었던 비결입니다. 우리는 둥근 테이블에 둘러앉아 토론을 하면서 공부했습니다. 교사와 학생 비율이 1대 8에 불과해 모든 선생님이 학생들을 속속들이 잘 알고 있습니다. 선생님은 교실뿐 아니라 캠퍼스에서, 운동장에서 그리고 집에서조차 우리가 어떤 사람인지 잘 알고 있습니다."

2001년 노벨 경제학상 수상자인 조지 애컬로프는 모교인 로렌스빌을 방문해 졸업생에게 주는 최고의 상인 '로렌스 메달'을 수상하면서 이같이 말했다. 그는 "로렌스빌은 학생 개개인에 대한 세심한 교육, 학생과 교사 간, 동료 학생들간의 끈끈한 인간관계를 바탕으로 학생 개개인의 능력과 아이디어를 중시합니다. 이러한 분위기의 학교 생활이 나의 인생과 연구에 큰 영향을 끼쳤습니다"라고 강조했다.

학생 개개인의 능력을 중시하는 로렌스빌 스쿨은 끊임없는 탐구정신, 진취적인 마인드, 독립적으로 생각하는 자립심을 가진 학생들을 길러내는 데 교육의 목표를 두고 있다. 또한 자기계발과 공동체 생활을 위한 개인의 책임감을 중시한다. 이런 덕목이 학생들의 학교 생활과 사고방식에 큰 영향을 미치고, 애컬로프와 같은 노벨상 수상자를 배출하는 원동력이 되는 것이다.

로렌스빌 스쿨은 현재 미국 사립학교에서 상위 10위권 안에 드는

❋ 로렌스빌 스쿨 캠퍼스 중앙에 있는 도서관 전경

명문학교로 통한다. 인근에 있는 프린스턴 대학과 함께 이 지역을 상징하며, 지역 주민들의 자부심 또한 대단하다. 2007년에는 졸업생 220여 명 가운데 아이비리그에만 무려 60명이 합격했다. 프린스턴 대학에 16명이 입학한 것을 비롯해 하버드 대학 10명, 컬럼비아 대학 11명, 펜실베이니아 대학 6명, 예일 대학 5명, 다트머스 칼리지 1명, 코넬 대학 7명, 브라운 대학 4명 등이다. 미국 프렙리뷰닷컴 조사 결과 아이비리그 진학률이 22%로, 보딩스쿨 가운데 10위를 차지했다.

로렌스빌 스쿨이 있는 미국 동부 지역은 명문학교들이 밀집해 있는 대표적인 곳이다. 로렌스빌 스쿨이 있는 뉴저지 주는 학군이 좋아 미국에서도 인구 밀도가 가장 높다. 교육 여건과 환경이 좋은 반면 집값과 물가, 교육비는 가장 비싼 곳으로 통한다.

이곳의 유학생 자녀를 둔 한국 부모들은 정보를 공유하면서 자녀들을 명문학교에 입학시키기 위해 동분서주한다. 학교별로 한국인 학부모회가 있어 정보를 주고받으면서 자식 뒷바라지에 힘쓴다. 그런데 부모들의 자식 사랑이 지나쳐 아이를 망치는 경우가 있다. 이를 '스포일 키즈(spoil kids)'라고 하는데, 버릇없이 키운 아이들은 남을 배려할 줄 모르고 이기적인 인간이 되고 만다. 실제로 한국 학부모들 가운데 스포일 키즈로 가슴앓이를 하는 경우가 적지 않다고 한다. 로렌스빌 스쿨은 이런 스포일 키즈를 예방하기 위해 인성교육을 강화하는데 캠퍼스 청소, 식당에서 접시 닦기 등 궂은일을 시키고 이를 점수제로 평가한다. 궂은일을 해봐야 노동이 힘든 줄을 알고 부모의 노고도 알 수 있기 때문이다.

필자가 로렌스빌 스쿨을 방문하던 날은 마침 '학부모의 날(Parent's Weekend)'이어서 캠퍼스가 학부모들로 붐볐다. 비가 내리는 쌀쌀한 날씨였는데도 학부모들의 열기를 막지는 못했다. 로렌스빌 스쿨의 캐빈 매팅글리 교무주임은 학부모들과 만난 자리에서 쏟아지는 질문에 답변하느라 애를 먹었다. "학생들의 학업 성적을 향상시킬 만한 제도적인 시스템이 잘 운영되고 있는가?" "학생들이 상담 시간이 적어 불만이라는데 왜 그런가?" "수업 시간에 학생들이 질문을 해도 시간이 부족하다는 이유로 그냥 지나친다고 한다. 교사들이 학생의 질문에 성실하게 응할 수는 없는가?" 등 학부모들의 관심은 시종일관 매섭고도 뜨거웠다.

학업 성취도를 높이는 멘토 시스템

　매팅글리 교무주임은 "멘토 시스템을 운영해 학생과 교사가 지속적으로 접촉하며 학생의 학업 성취도를 점검해 문제점을 해결하고 있다"고 답변했다. 또한 마스터 튜터(master tutor)제가 마련되어 있어 20년 이상의 노하우가 있는 교사들이 학생들의 학업 능력을 향상시킬 수 있도록 도와준다고 한다.

　학생들의 공부 방법을 조언해 주는 아카데믹 어드바이저(academic advisor)도 있다. 이는 학생들이 올바른 학과목을 선택할 수 있도록 도와주는 일종의 '공부 코디네이터'이다. 학생이 학과목을 이수하는 데 어려움을 겪을 경우 성공적으로 마칠 수 있도록 조언해 주는 역할을 한다는 것이다. 매팅글리는 "아카데믹 어드바이저가 학생들이 공부하는 데 어려움을 겪지 않도록 학생의 학과목 수강 사항을 일일이 체크하고 있다"면서 학부모를 안심시키느라 여념이 없었다.

　그날 학부모의 날 행사에는 한국에서 온 학부모도 눈에 띄었다. 로렌스빌 스쿨에는 한국에서 온 조기유학생이 3명에 불과했다. 미국에 살고 있는 교포 자녀들은 7명 정도가 다니고 있었다. 연간 4만 달러(보딩비 포함) 정도의 학비도 만만치 않지만 그보다 입학 자체가 쉽지 않기 때문이다. 그날 만난 학부모들은 "9학년이나 10학년에 들어가려면 대부분 공립학교에서 충분한 영어 실력을 쌓고 다양한 스포츠 활동 등을 해야 가능하다"고 입을 모았다. 따라서 한국에서 바로 입학하는 것은 불리할 수밖에 없다. 우리나라의 극심한 입시 경쟁 분위기에서는 공부하면서 동시에 스포츠와 악기 연주 활동 등을 하는 것이 사실상 불가능하기 때문이다.

　미국의 명문 사립학교들이 한 국가의 학생을 한 번에 많이 뽑지 않는 것은 문화적 다양성을 추구하기 때문이다. 특정 국가의 학생이 많으면 문화적 다양성의 '밸런스'에 문제가 생긴다. 예를 들어 아프리카 케냐 출신의 학생은 학업 능력이 좀 부족해도 다양성을 추구하는 학교 방침에 따라 선발한다. 로렌스빌 스쿨은 현재 27개국에서 온 유학생들이 재학중인데, 외국 유학생 비율을 8%로 엄격하게 제한하고 있다. 특히 17개 동에 이르는 기숙사를 갖추고 있는데, 각 기숙사마다 독특한 '하우스 문화'를 자랑한다.

　한국 학생들은 대부분 로렌스빌 스쿨에 들어오기 전에 공립학교 등에서 부족한 영어 실력을 키운다. 하지만 어렵게 입학하더라도 적응하

❖ 로렌스빌 스쿨의 보딩하우스로 자연의 내음이 물씬 풍긴다.

기가 쉽지 않은 것이 현실이다.

학부모들은 이구동성으로 학교와 학생이 서로 '궁합'이 맞아야 한다고 강조했다. 9학년인 전유나 양은 필립스 엑시터와 필립스 아카데미(앤도버)에도 합격했지만 로렌스빌 스쿨을 선택했다. 그 이유는 이들 학교가 수학과 과학을 중시하기 때문이라고 했다. 필립스 엑시터의 경우 수학이나 과학도 토론식 수업을 하는데 학교를 선택할 때 이러한 수업 방식을 적극 고려해야 한다. 우리나라 학생의 경우 토론 위주의 수업에 잘 적응하지 못하는 학생이 많기 때문이다.

전양은 학생의 아이디어를 중시하고 필립스 엑시터에 비해 토론식 수업의 부담이 덜한 로렌스빌 스쿨이 마음에 들어 선택했다고 한다. 대부분의 수업이 교사의 강의와 토론식 수업을 적절하게 혼합한 방식이어서 토론에 대한 부담을 덜 수 있었던 것이다. 미국의 사립학교는 토론식 수업을 많이 하는 편이지만, 공립학교의 경우는 우리나라와 같이 교사가 강의하는 식으로 수업을 진행하는 곳이 많다.

로렌스빌 스쿨은 동부에 위치한 프렙스쿨이어서 한국 조기유학생 수가 적은 편이다. 게다가 유학생 수를 8%로 제한해 외국인 학생이 많지 않다. 뉴저지의 명문 사립학교인 페디 스쿨(Peddie School)은 한국 유학생이 많아 문제가 되고 있다고 가이드가 귀띔해 주었다.

최고 수준의 복합 실내체육관

로렌스빌 스쿨에서 단연 돋보이는 것은 다른 사립학교에는 없는 종합 실내체육관이다. 중앙의 실내운동장을 중심으로 수영장, 농구장, 배구장 등 각종 체육관이 빼곡히 자리 잡고 있다. 거의 모든 스포츠 종목을 망라할 정도로 체계적인 종합 실내 체육 시설이었다. 우리나라의 태릉선수촌도 그 정도는 아닐 듯싶었다. 이곳 학생들은 오후 수업을 마치면 대부분 방과후 활동을 하는데 주로 스포츠를 한다. 그만큼 학교 생활에서 스포츠는 필수적이다.

✤ 로렌스빌 스쿨 10학년에 재학중인 김민지 양. 스포츠에 적극적으로 참여해 배구선수로 활동하고 있다. 미국의 학교 풍경 중에서 우리나라와 다른 점은 모든 학생에게 스포츠가 필수과목이라는 것이다.

'학부모의 날'을 맞아 실내체육관에서는 전 종목에 걸쳐 경기가 펼쳐졌다. 수영장에서는 수구 경기가 벌어지고 있었고, 그 옆의 배구 코트에서는 경기를 앞두고 연습이 한창이었다. 그곳에서 우연히 한국인 유학생 김민지(10학년) 양을 만날 수 있었다. 관중석에서는 한국에서 달려온 어머니가 지켜보고 있었다. 김양은 4년 전 미국에 유학을 와서 학교 생활에 매우 적극적이었다. 미국 학생에 비해 신체 조건이 불리한 한국 학생이 배구 선수로 활동하려면 여간 연습을 하지 않으면 안 된다. 김양은 중학교 때부터 배구뿐 아니라 필드하키, 배구, 조정(크루) 등 6개 종목을 이수했다. 필드하키는 주장을 맡기도 했고, 성적도 늘 최상위권을 유지했다.

김민지 양의 어머니는 한국 유학생들은 미국에서도 과외를 계속 받는다고 전했다. 학교 수업이나 SAT에 대비하기 위해 대부분 조기유학생들이 과외를 받는데 과외비가 너무 비싸다고 하소연했다. 여름방학 6주 코스에 무려 3백여만 원이나 든다는 것이다. 미국의 명문학교는 학생들이 너나 할 것 없이 똑똑하고 토론을 위해 예습을 많이 해야 하기 때문에 한국 학생들이 수업을 따라가기가 쉽지 않다고 한다. 그래서 방학 때면 영어 에세이나 수학 등 부족한 과목을 보충하기 위해 과외를 받는다는 것이다. 비싼 등록금에다 과외비까지 합하면 한 해 들어가는 비용만 최소 5천만 원을 훌쩍 넘긴다.

"유학을 보내면 과외 같은 건 하지 않아도 되는 줄 알았는데 오히려 더 공부해야 하는 분위기예요. 한국 학부모가 있는 곳이면 한국식 과외가 있다는 말이 실감 납니다. 공부하랴 운동하랴 애쓰는 아이가 때로는 안쓰럽기도 해요. 그래도 아이가 유학 생활에 만족하는 것 같아 그나마 위안이 됩니다."

한국에서도 미국에서도 학부모의 고민은 끝이 없었다. 그것이 지금 우리나라 학부모와 학생 들이 처한 현실이다. 그렇지만 미국 최고의 인재들에게 절대 뒤질 수 없다는 야무진 각오로 학업에 임하는 학생들을 보니 코끝이 찡해져왔다.

❖ 로렌스빌이 자랑하는 복합 체육 시설. 실내체육관으로 중앙에 운동장이 있고 둘레에 각종 체육 시설이 자리 잡고 있다. 세간의 부러움을 살 만큼 큰 규모다.

로렌스빌 스쿨에 입학하려면 분명한 목표의식, 학교 성적과 추천서, SSAT(사립학교 입학 자격시험) 등의 시험 성적도 중요하지만 장래성 역시 합격의 중요한 요인이 되고 있다. 2008년에는 1,850명이 지원해 377명이 합격했다. 합격자가 많은 것은 다른 명문학교에 중복 합격된 학생들이 있기 때문이다. 이중에서 입학 등록을 한 학생은 252명이다. 원서 접수는 1월 15일(미국 사립학교 대부분이 1월중에 마감한다)에 마감하는데 입학원서와 함께 자기소개서, 성적증명서, 추천서, SSAT나 TOEFL 성적을 제출하고 인터뷰 일정을 학교 측과 상의해 면접을 마쳐야 한다.

최근 미국 명문 사립학교는 아이비리그 대학에 입학하기보다 힘들다고 할 정도로 경쟁률이 높다. 그러므로 먼저 목표로 하는 학교에 문의해 입학 정보를 알아보는 것이 좋다. 보통 9학년 입학생으로 대부분을 선발하고, 11학년 이상은 뽑지 않는다. 이때 예체능 관련 활동, 학생회, 방송국, 신문사 등의 교내 활동과 공공기관, 보호시설 봉사 활동 등의 교외 활동 경험이 입학 시 중요한 평가 기준이 된다. 이는 학생의 리더십과 사회성 등 인성능력을 평가하기 위한 것이다. 입학 때 요구하는 영문 에세이는 방과후 활동을 하면서 느낀 체험담을 위주로 쓰는 것이 바람직하다.

준비 없이 명문학교에 들어갈 수 없다

최근 미국 정부가 발표한 공식 자료에 따르면, 미국의 한국인 조기유학생은 4만여 명(대학생 이상까지 포함하면 10만여 명으로 유학생 수에서 세계 1위)에 이른다. 비공식적으로 부모의 유학 비자로 공립학교에 다니는 학생 등을 포함하면 그 숫자는 훨씬 많을 것으로 예상된다.

조기유학 바람이 거세지면서 한국 학생이 미국의 명문 사립학교에 들어가는 문이 점점 더 좁아지고 있다. 학교마다 한국 유학생 입학을 제한하고 있지만 지원자는 매년 늘어나고 있기 때문이다. 명문 사립학교에 들어가기 위한 우회적인 방법으로 공립학교나 수준이 떨어지는 사립학교에 입학하는 학생도 크게 늘어나고 있다.

미국 뉴저지의 한 학원에서 필자는 명문 사립학교에 들어가기 위해 SSAT를 준비하는 조기유학생들을 만날 수 있었다. 많은 유학생이 한국에서 아무런 준비도 없이 부모의 권유로 유학길에 올랐다고 한다. 한 학생은 대구에서 고등학교를 다니다가 부모님의 권유로 지난해 9월에 미국에 왔다고 했다. 뉴저지의 이스턴 크리스천 하이스쿨에 다니고 있는데, 이 학교는 한국인 학생이 20명에 이른다. 영어 실력이 달려 애를 먹고 있다는 이 학생은 미국 학생들이 지나가는 말로 창피를 주기도 해 마음고생이 심하다고 했다. 대부분의 초기 유학생들이 겪는 것처럼 '영어 스트레스'에다 마음고생까지 겹쳐 이중고에 시달리고 있는 것이다.

한 고등학생은 부모님이 "너는 컬럼비아 대학교에 반드시 들어가야 한다"면서 갑자기 미국 유학길에 오르게 해 영어 수업에 적응하느라 스트레스와 마음고생이 이만저만이 아니었다고 한다. 필자를 만난 그 날도 미국인 학생에게 빈정거림을 당해 하루 종일 울었다고 했다.

한 여학생은 오스트레일리아에서 2년 반 동안 유학을 하다가 이곳으로 왔고, 또다른 여중생은 초등학교 5학년 때 캐나다 밴쿠버에서 유학하다가 중1 때 한국으로 간 뒤에, 중3 때 다시 미국으로 유학을 왔다고 했다.

뉴저지에서 영어학원을 운영하고 있는 교포 짐 강(Jim Kang) 씨는 "미국 조기유학의 성공은 철저히 준비했느냐의 여부에 달려 있다"고 잘라 말했다. 그는 "한국 학부모들은 '미국에 일단 보내고 보자'는 막연한 생각으로 자녀의 영어 실력은 고려하지 않고 무턱대고 보내는 경향이 있다"면서 "이렇게 미처 준비되지 않은 학생들이 현지에서 겪는 어려움은 상상을 초월한다"고 말했다.

또한 한국 학부모들이 자녀의 능력은 고려하지 않고 무조건 명문학교만 고집하는 것도 문제라고 지적했다. 명문학교는 미국에서도 수재들이 모이는 곳이므로 웬만한 영어 실력으로는 버텨낼 수가 없다. 강원장은 미국에서 내로라하는 명문학교에 들어갈 실력이 있다면 문제가 되지 않겠지만 그렇지 않을 경우 지역에서 이름난 학교도 고려해 볼 필요가 있다고 조언한다. 전국적인 명문학교는 아니더라도 지역 명문학교에 들어가는 것도 한 방편이 될 수 있다는 것이다. 게다가 그 학교에 한국인 유학생이 거의 없다면 공부하기에 더 좋은 환경이 될 수 있다. 부모의 '일류학교병'이 자칫 자녀를 고통 속으로 몰아넣고 미래를 어둡게 할 수도 있다.

❋ 빗속에서도 럭비에 열중하고 있는 학생들. 로렌스빌에서는 모든 학생이 운동 서클에 가입해 '하우스 스포츠'를 해야 한다.

세계 명문학교의 핵심 공부법 2
… 운동은 필수, 스포츠를 통해 협동심을 키워라

　로렌스빌 스쿨을 비롯해 대다수의 명문학교에서는 학업뿐 아니라 아트, 봉사 활동을 공부만큼 열심히 해야 한다. 또한 학기마다 스포츠 한 종목씩을 이수해야 한다. 방과후에는 클럽 활동이나 기숙사 동별로 스포츠를 하는데, 기숙사 동별로 하는 스포츠를 '하우스 스포츠(House Sports)'라고 한다. 주말에는 다른 학교에 가서 경기를 치른다. 필자가 로렌스빌 스쿨을 찾은 날, 학생들은 '학부모의 날'을 맞아 비가 오는데도 야외 럭비구장에서 경기를 하고 있었다. 실내체육관에서는 수구 등 각종 경기가 벌어졌다.

　미국과 영국 등 세계의 명문 사립학교는 스포츠를 필수과목으로 정해 인성교육의 한 축으로 활용한다. 몸으로 겨루는 거친 스포츠를 하면서 단결력과 절제력, 협동심과 경쟁력을 키우고 이기심을 자제할 수 있기 때문이다. 또한 서로 경쟁하면서도 공동체를 위해 자신을 버리는 정신을 배울 수 있어 명문학교일수록 스포츠를 중시한다. 이렇듯 스포츠가 청소년들에게 주는 교육적 효과는 이루 말할 수 없이 크다.

　스포츠가 필수과목인 까닭에 학생들은 따로 수영 등을 배우지 않아도 된다. 종목도 럭비나 크리켓, 하키, 수구, 조정 등 다양하다. 로렌스빌 스쿨의 김민지 양처럼 많은 학생들이 다양한 종목에서 선수로 활동한다. 그렇다고 공부를 안 하는 게 결코 아니다. 공부도 잘하고 운동도 선수급인 학생들이 많다. 반면 인성교육이 실종된 한국에서는 체육 시간을 영어나 수학 자습 시간으로 대체한다. 중3이나 고3 시기에는 체육 시간이 아예 없는 학교가 허다하다. 그 시간에 학생들은 '자신만의' 성적을 올리기 위해 '이기적인 공부'에 열중하고, 공부에 관심이 없는 학생은 옆자리 학생들의 면학을 방해하기 일쑤다.

"스포츠는 시키지도 않으면서 머리는 왜 스포츠머리로 깎게 해요? 또 체육 시간에는 목 돌리기나 시키고 이상한 체조만 해요." 필자의 이웃 중에 외환 위기 때 미국으로 이민을 갔다가 지난해 역이민을 온 가족이 있는데 그 집의 중2 아들이 한 말이다. 한국의 중학교는 대부분 운동장이 하나이고 잔디구장도 아니다. 학생들이 운동장에서 할 수 있는 스포츠는 별로 없다. 기껏해야 체조나 축구, 배구, 농구 시합이 고작이다. 한국에서 중요한 것은 운동이 아니라 공부인 것이다. 공부만 잘하면 그만인 셈이다.

이제 한국도 인성교육의 부재를 지적하는 목소리만 낼 것이 아니라 학교 체육 시간을 적극적으로 부활시켜야 한다. 이제 스포츠는 19세기 영국에서처럼 학생의 폭력성을 막는 예방적 차원이나 국가적 충성심을 함양하는 국가주의적 차원으로 언급되지 않는다. 학교에서 스포츠를 부활시키느냐의 여부가 우리나라 인성교육의 바로미터라고 할 수 있다.

:미국의 **보딩스쿨 톱 30**(2008년 아이비리그 진학률 기준, 프렙리뷰닷컴 발표)

순위	학교명	소재지	아이비리그 진학률 (MIT 포함)	연간 학비 (달러)
1	St. Paul's School	New Hampshire	34%	3만 7,250
2	Deerfield Academy	Massachusetts	32%	3만 6,130
2	Milton Academy	Massachusetts	32%	3만 6,775
4	Groton School	Massachusetts	31%	3만 9,850
5	Middlesex School	Massachusetts	30%	3만 8,850
6	Phillips Andover Academy	Massachusetts	29%	3만 5,250
6	Phillips Exeter Academy	New Hampshire	29%	3만 4,250
8	Nobles and Greenough School	Massachusetts	28%	3만 3,300
9	St. Anne's-Belfield School	Washington D.C.	25%	4만 8,240
10	Lawrenceville School	New Jersey	22%	3만 9,397
11	Hotchkiss School	Connecticut	20%	3만 3,310
12	Choate Rosemary Hall	Connecticut	19%	3만 7,300
13	Hockaday School	Texas	18%	3만 8,045
14	Peddie School	New Jersey	17%	3만 5,500
15	St. Andrew's School	Delaware	16%	3만 6,650
15	Belmont Hill School	Massachusetts	16%	3만 3,590
17	Blair Academy	New Jersey	12%	3만 6,900
17	Taft School	Connecticut	12%	3만 6,800
19	St. George's School	Rhode Island	11%	3만 6,550
19	Indian Springs School	Alabama	11%	2만 7,500
21	Cate School	California	10%	3만 6,350
21	Concord Academy	Massachusetts	10%	3만 7,820
23	Cranbrook Schools	Michigan	8~10%	3만 2,900

23	Georgetown Preparatory School	Maryland	8~10%	3만 9,650
23	Loomis Chaffee School	Connecticut	8~10%	3만 7,000
23	Northfield Mount Hermon School	Massachusetts	8~10%	3만 7,100
23	Emma Willard School	New York	8~10%	3만 4,800
23	Episcopal High School	Virginia	8~10%	3만 5,650
29	Kent School	Connecticut	5~8%	3만 9,900
30	Webb School	California	5~8%	3만 9,170
30	Woodberry Forest School	Virginia	5~8%	3만 3,700
30	Culver Academy	Indiana	5~8%	2만 8,900

| 세계의 명문학교 3 |

트리니티 폴링 스쿨
Trinity-Pawling School

공부는 성취만큼 과정도 중요하다

❧ 세계 명문학교의 핵심 공부법 3
… '이기적인 영재'보다 '노력하는 둔재'가 되어라

한국 학부모의 열성이 명문학교를 만들다

조기유학생이 많은 미국이나 영국 등에서 한국 학부모가 있는 곳에는 반드시 '한국형 과외'가 생겨난다는 말이 있다. 뉴욕에서 승용차로 1시간 30분 거리에 있는 트리니티 폴링 스쿨(Trinity-Pawling School)에 갔을 때에도 자녀에게 헌신적인 어머니 이야기를 접할 수 있었다.

남학교인 트리니티 폴링 스쿨에는 한국인 조기유학생이 20명 정도 다니고 있는데, 단 한 명만이 기숙사 생활을 하지 않고 엄마와 단둘이 인근 폴링에서 살고 있다고 했다. 그 이유가 토요일마다 뉴욕에 과외를 받으러 가기 위해서인데, 왕복 택시비와 하루 과외비만 무려 1백만 원씩 든다고 한다.

그리고 한 가지 더 재미있는 이야기를 접할 수 있었는데, 다름 아닌 한국 학부모들이 미국의 사립학교를 명문학교로 급부상시키는 '힘'을

❉ 트리니티 폴링 스쿨은 중·고교의 남학교로 지난해에 개교 100주년을 맞았다. 이 학교는 '노력 시스템'이라는 독특한 인성교육 프로그램으로 특히 유명하다.

지니고 있다는 것이다.

한국 학부모들은 대부분 아이비리그에 속한 명문대학을 선호해, 자녀들이 가능한 한 아이비리그 대학에 들어가기를 바란다. 명문학교 랭킹 10위권에 드는 '프렙스쿨'은 아이비리그에 진학하는 비율이 상당히 높지만 입학 문은 갈수록 좁아지고 있다. 따라서 차선책으로 명문학교 랭킹 100위권(SAT 기준)에 드는 학교에도 한국인 학생들이 몰리고 있다. 이 경우 첫 기준이 되는 것이 바로 '아이비리그에 진학한 한국 조기유학생이 있느냐'이다.

폴링이라는 작은 시골마을에 위치한 트리니티 폴링 스쿨은 최근 몇 년 사이에 한국 학부모들에게 알려진 대표적인 학교다. 교포들의 증언에 따르면, 트리니티 폴링 스쿨이 3~4년 전부터 한국 학부모들에게 인기를 끌게 된 이유는 이곳을 졸업한 한국 유학생들이 아이비리그 대학에 계속해서 진학하고 있기 때문이다. 이 학교 11학년에 재학중인 안태근 군의 형은 이 학교 출신으로 컬럼비아 대학에 입학했다. 형이 아이비리그에 진학해 동생도 이 학교의 동문이 된 것이다.

트리니티 폴링 스쿨에 다니는 한국 조기유학생이 아이비리그에 들어갔다는 정보가 퍼지면서 한적한 이곳을 찾는 한국 학부모들의 발걸음이 잦아졌다. 5년 전까지만 해도 몇 명에 불과하던 한국 학생이 현재는 20명이 넘는다. 남학교인 트리니티 폴링 스쿨의 학생수는 모두 330명이고, 이중 외국인 학생은 50명 정도(16%)이다. 교사와 학생 비율은 1대 8, 한 학급당 학생 수는 13명으로 최상의 수업 분위기를 갖추고 있다.

한국 학부모들의 열성 덕분인지 트리니티 폴링 스쿨의 순위도 껑충 뛰었다. 최근에는 80위권(SAT 기준)에서 지난해에 72위로 올라섰다. 한국 학부모들의 열성이 미국 사립학교의 순위까지 끌어올리고 있는 것이다. 최근 100위권 밖에 있는 사립학교들이 한국을 비롯해 일본과 중국을 순회하면서 유학박람회를 열고 한국 조기유학생을 유치하기 위해 학교설명회를 경쟁적으로 열고 있는 것도 이 때문이다.

트리니티 폴링 스쿨은 1907년에 설립되어 이제 막 100년을 넘겼다. 명문학교로 보면 그리 오랜 전통은 아니다. 학교 규모도 18만 3천여 평(150에이커) 정도에다 학생 수도 많지 않아 교외에 있는 다른 보딩스쿨에 비해 아담한 편이다. 80% 이상의 학생이 기숙사에서 생활하는데 학비는 연간 4만 1천 달러 정도다.

인성교육을 위한 특별한 노력 시스템

성공회 재단에서 운영하는 트리니티 폴링 스쿨은 지식교육뿐 아니라 인성교육을 잘하는 학교로 통한다. '신사처럼 행동하라'는 학교 교육 방침에 따라 이미 1960년부터 인성교육을 위한 체계적인 시스템을 시행했다. 이 학교만의 독특한 '노력 시스템(Effort System)'이라 불리는 인성교육 프로그램이 그것이다. '노력 시스템'은 한마디로 지식과 인성을 겸비한 인재 양성을 목표로 한다.

'노력 시스템'을 통해 매겨진 성적표는 과목별 성적에 인성교육 항목 점수를 합산한 것으로 모두 7개 항목을 반영하고 있다. 반영 비율을 보면 성적 관련 부분이 50%를 차지하는데, 성적을 얻는 데 기울인 노력 점수(Academic Effort)가 30%, 성적 점수(Academic Achievement)가 20% 반영된다. 성적의 결과보다 성취하는 데 들인 노력을 더 중시하는 것이다.

이 학교의 입학 담당자인 김 드폰스 씨는 "과목 성적이 우수한 학생이라고 해서 반드시 인성 성적이 좋은 것은 아니다"라면서 "학과 성적은 1등급인 학생이 인성 성적은 2등급이나 3등급인 경우도 있다"고 말했다. 바꾸어 말하면 2등이 1등을 할 경우보다 5등이 1등을 할 경우 노력 점수를 더 받을 수 있는 것이다. 나머지 절반은 인성교육 항목으로 기숙사 생활 15%, 자발적인 노동 10%, 규율 준수 10%, 운동 10%, 클럽 활동 5%이다.

학생들은 7개 항목의 점수를 합산해 5단계의 '노력 그룹(effort

group)'으로 분류된다. 1그룹은 노력 수준이 최상급(Superlative)이고, 2그룹은 칭찬할 만한 수준(Commendable), 3그룹은 만족스러운 수준(Acceptable), 4그룹은 부족한 수준(Poor), 그리고 마지막 5그룹은 불만족스러운 수준(Unsatisfactory)으로 각각 분류된다.

1그룹에 속하는 학생은 최고의 인성 엘리트로서 여기에 속하면 식당 청소 등 하기 싫은 일을 면제받는 특혜를 얻게 된다. 또한 주말에 외출할 수 있고 아침에 늦잠을 잘 수 있는 특권도 누린다. 한국 학생들은 대부분이 1, 2그룹이고 일부는 3그룹에 속하기도 한다고 드폰스 씨

❋ 뉴욕에서 1시간 30분 거리에 있는 트리니티 폴링 스쿨은 작은 시골마을에 위치한 전원형 학교다. 최근 한국 조기유학생이 아이비리그에 입학하면서 이곳을 찾는 한국 학부모와 학생이 부쩍 늘고 있다.

❋ 학생들이 자신이 선택한 수업에 따라 교실로 이동하고 있다.

는 전했다.

드폰스 씨에 따르면 1그룹은 소수에 불과하고, 대부분의 학생이 2그룹에 속한다고 한다. 3그룹은 평균 점수를 받은 학생들이다. 4그룹에 속하면 교사들은 학생들이 더욱 분발하도록 유도한다. 5그룹에 속하면 경고를 받는데 학부모와 함께 교장의 상담을 받아야 한다. 경고를 받고도 향상되지 않으면 학교를 떠날 것을 권고받는다. 사실상 출교 조치의 전 단계인 셈이다. 모든 재학생들은 5주에 한 번씩, 1년에 모두 여섯 차례에 걸쳐 '노력 시스템'에 따라 평가를 받는다.

드폰스 씨는 "노력 시스템에서는 물론 학업 성적이 절반을 차지하지만 스스로 얼마나 노력하는지(30%)에 더 중점을 둔다"면서 "이를 통해 지식과 인성을 고루 갖춘 인재를 길러내는 데 목적이 있다"고 말했다.

"사람마다 능력은 제각각입니다. 어떤 학생은 지능지수가 높아 암기 과목을 수월하게 공부해도 좋은 성적을 낼 수 있지만 그렇지 않은 학생도 있게 마련이죠. 이때 점진적으로 좋은 성적을 내는 학생이 있는데, 이런 학생에게는 성적 노력 항목(Academic Effort)의 점수를 높게 부여합니다. 일종의 '노력상'이라고 할 수 있죠. 노력 시스템의 장점은 바로 학생들이 가진 제각각의 능력을 총체적으로 발휘할 수 있도록 유도하는 데 있습니다. 이 제도는 학생 스스로 '노력형 인간'이 되도록 하기 위해 도입한 것입니다."

'노력 시스템'에서 상위 그룹에 속하려면 자발적인 노동과 봉사 활동을 하지 않으면 안 된다. 외부 방문객들에게 학교를 소개하는 스쿨 투어를 비롯해 식당 청소, 식당 보조(웨이터) 등을 모두 학생들이 직접 한다. 한 학기당 한 번씩 이런 일을 반드시 해야 한다. 이런 활동을 제

❖ 대자연 속에 자리 잡은 트리니티 폴링 스쿨의 드넓은 운동장

대로 하지 않으면 노력 시스템 평가에서 상위 그룹에 속할 수 없기 때문이다. 학생들은 하기 싫은 일을 함으로써 노동의 어려움을 배울 수 있고, 나아가 부모에게 감사하는 마음을 가질 수 있다는 것이다.

트리니티 폴링 스쿨의 교칙은 매우 엄격하다. 드폰스 씨는 "흡연 한 번이면 경고를 받지만 두 번 걸리면 퇴교 조치를 당하며 음주는 한 번만 적발돼도 퇴교당한다"고 전했다.

트리니티 폴링 스쿨과 같이 인성교육 프로그램을 체계적으로 운영하고 있는 학교는 그리 많지 않다. 대다수 명문학교에서 방과후 활동이나 봉사 활동, 스포츠 등을 필수과목으로 해야 하지만, 학업을 성취하는 데 들이는 노력의 정도까지 세밀하게 평가해서 등급을 매기는 경우는 거의 찾아볼 수 없었다. 이런 점에서 이 학교의 '노력 시스템'은 지식교육만을 최우선으로 하는 한국의 교육 현실에서 반드시 벤치마킹해야 할 인성교육 프로그램이라고 할 수 있다.

인성교육 프로그램이 잘 갖춰진 보딩스쿨

조기유학을 보내려면 가능한 한 트리니티 폴링 스쿨과 같이 인성교육 프로그램과 시스템이 잘 갖춰진 명문 보딩스쿨에 보내는 것이 바람직하다. 유명 보딩스쿨일수록 엄격하게 학칙을 적용하기 때문에 학생들이 탈선할 가능성이 상대적으로 적다. 미국이나 영국, 오스트레일리아, 캐나다 등의 명문 보딩스쿨은 공통적으로 엄격하게 학칙을 적용한다. 흡연(심지어 마약)과 음주 등이 적발될 경우, 1차 경고 이후에도 같은 일이 지속되면 가차 없이 퇴교시킨다.

반면 영어 실력이 모자라도 입학을 허가하는 비명문급 보딩스쿨은 대부분 학칙이 엄격하지 않다. 교칙이 엄격하지 않을 경우 흡연과 음주, 섹스 등으로 청소년기의 자유가 방종으로 흐를 가능성이 크다. 부모와 떨어져 생활할 경우에는 자녀의 방종이 도를 넘기 쉽다. 미국 학교들을 취재하다가 오스트레일리아에서 3년을 보내고 와서도 영어가 제대로 안 돼 아직도 '기본' 영어조차 못 하는 학생을 만난 적이 있다. 이런 학생을 볼 때면 가슴이 메어왔다. 인도와 중국, 오스트레일리아와 캐나다, 미국, 영국 등 어디를 가나 방탕한 생활로 청소년기를 보내는 조기유학생들을 볼 수 있었다.

이명박 정부는 기러기 아빠를 더이상 방치하지 않겠다고 공언하지만 현실은 쉽게 바뀌지 않는다. 더 좋은 교육 환경을 찾아 조기유학을 떠나는 추세는 앞으로도 한동안 계속될 것이다. 이런 현실에서는 조기유학을 보내더라도 부부간, 부모자녀 간에 서로 '소통력'을 높여 좋은 관계를 유지하는 게 무엇보다 중요하다. 그렇지 않으면 자칫 조기유학으로 엘리트를 만들려다가 부모자녀 관계나 부부 관계마저 파국으로 몰고 갈 수도 있기 때문이다.

세계 명문학교의 핵심 공부법 3
… '이기적인 영재'보다 '노력하는 둔재'가 되어라

트리니티 폴링 스쿨에서는 가끔 한국 학부모들 때문에 한바탕 웃지 못할 해프닝이 벌어진다. 교무실 옆 게시판에는 3주마다 학생들의 등급이 적힌 명단이 붙는데, 학교를 찾아오는 한국 학부모 중 일부가 이를 성적표로 오해하고 크게 상심해 자녀를 꾸짖으면서 소란을 일으키기 때문이다.

필자가 이 학교를 방문한 날에도 한국 학부모의 해프닝이 회자되고 있었다. 그 학부모가 방문한 날이 때마침 이 학교만의 독특한 '인성성적표'가 게시판에 고지되는 날이었다. 한국 학생들은 대부분이 1그룹이나 2그룹에 속했다. 그런데 명단을 보던 학부모의 자녀는 3그룹에 속해 있었던 것이다. 그 학부모는 그만 이성을 잃고 아들을 큰소리로 꾸짖었다고 한다. 나중에 이 명단이 성적뿐만 아니라 학습 태도와 기숙사 생활, 운동 등을 평가한 '인성성적표'인 것을 알고는 낯을 붉혔다는 거였다. 이러한 웃지 못할 해프닝은 어쩌면 성적지상주의에 빠진 한국 학부모의 조급증을 단적으로 드러낸 것이라고 할 수 있다.

대다수 학교들과 마찬가지로 트리니티 폴링 스쿨에서도 학생들의 순수한 학업 성적표는 게시판에 게시하지 않는다. 대신 이 학교가 1960년

대부터 시행해 오고 있는 '노력 시스템'에 따라 성적과 봉사 활동 등의 여러 요소를 인성성적표로 매겨 이를 게시판에 고지하는 전통을 이어오고 있다. 인성성적표는 물론 성적이 50%를 차지해 가장 중요한 기준이 되지만 나머지 50%는 기숙사 생활, 규율 준수, 운동, 봉사 활동 등을 반영한다.

특히 인성성적표에서는 성적 결과보다 얼마나 '노력'을 기울였느냐를 더 중시한다. 좋은 성적을 올리기 위해 얼마나 노력했느냐를 보다 비중 있게 반영하는 것이다. 다시 말해 전체 인성성적표 중 50%의 성적 반영률 가운데 성적 성취도(20%)보다 노력도(30%)를 더 높이 평가한다.

입학 담당자인 김 드폰스 씨에 따르면 2등을 하는 학생이 1등을 할 경우와 10등을 하는 학생이 1등을 할 경우 '성적 성취도'는 같을 수 있지만 '성적 노력도'는 다르게 반영된다는 것이다. 10등이 1등을 할 경우 노력의 정도에서는 훨씬 더 높은 점수를 받게 된다. 즉 단순한 성적 순위보다 그 성적을 얻기 위해 얼마나 노력하느냐를 더 중시하기 때문이다.

따라서 학생들이 좋은 성적을 받아도 기숙사 생활을 하면서 다른 학생의 학습을 방해하거나 규율을 잘 지키지 않을 경우, 또 봉사 활동을 제대로 하지 않을 경우 인성성적 순위는 뒤처질 수밖에 없다고 드폰스 씨는 설명한다. 단순한 지식을 습득하는 능력만이 '1% 인재'의 절대 기준이 될 수 없다는 것이다. 사회는 이기적인 사람보다는 대인관계 능력이 뛰어나고 소외된 사람을 돕고 봉사에 앞장서며 부단히 노력하는 사람을 요구한다는 논리에서다.

조기유학을 보낼 때에는 자녀의 의사가 가장 중요하고, 다음으로 경제력을 반드시 고려해야 한다. 미국 보딩스쿨의 경우 한 해 학비가 평균 4천만 원이 넘고 여기에 생활비와 기타 경비 등을 합하면 아무리 적게 잡아도 5천만 원 이상이 든다. 중학교부터 유학을 보낸다고 하면 대학을 마칠 때까지 10년은 잡아야 한다. 이 경우 최소 5억 원은 들어간다는 이야기다. 대학원 박사학위를 받을 경우도 예상해야 한다.

따라서 경제력을 바탕으로 단기 유학을 할 것인지, 장기 유학을 할 것인지 반드시 고려할 필요가 있다. 자칫 아이의 기대심리만 높였다가는 부모자녀 관계마저 파탄에 이를 수 있다. 좋은 교육 환경에서 지성과 인성을 고루 갖춘 최고의 엘리트로 키우는 것이 모든 학부모들의 바람이겠지만 분수에 맞는 선택을 해야 함을 잊지 말자.

미국의 보딩스쿨 톱 100 (SAT 기준)

순위	SAT 점수	학교
1-10	2000	Concord Academy
1-10		Deerfield Academy
1-10		Groton School
1-10		Hotchkiss School
1-10		Middlesex School
1-10		Peddie School
1-10		Phillips Academy Andover
1-10		Phillips Exeter Academy
1-10		St. Paul's School
1-10		Thomas Jefferson School
11-23	1900-2000	The Athenian School
11-23		Cate School
11-23		Choate Rosemary Hall
11-23		The Hockaday School (여)
11-23		Indian Springs School
11-23		Lawrenceville School
11-23		Loomis Chaffee School
11-23		Oregon Episcopal School
11-23		St. Andrew's School, DE
11-23		St. George's School
11-23		St. Mark's School
11-23		The Thacher School
11-23		The Webb Schools
24-56	1800-1900	Advanced Academy of Georgia
24-56		Annie Wright School (여)
24-56		Asheville School
24-56		Besant Hill School(이전 명칭은 Happy Valley School)
24-56		Blair Academy
24-56		The Bolles School
24-56		Cranbrook Schools
24-56		Dana Hall School (여)

24-56		Emma Willard School (여)
24-56		Fountain Valley School of Colorado
24-56		The Governor's Academy(이전 명칭은 Governor Dummer Academy)
24-56		Hill School
24-56		The Hun School of Princeton
24-56		Linden Hall (여)
24-56		McCallie School (남)
24-56		Mercersburg Academy
24-56		Miss Hall's School (여)
24-56		Miss Porter's School (여)
24-56		Oliverian School
24-56		Portsmouth Abbey School
24-56		Saint Andrew's School
24-56		St. Anne's-Belfield School
24-56		Saint John's Preparatory School
24-56		San Domenico School (여)
24-56		Santa Catalina School (여)
24-56		Stevenson School
24-56		The Stony Brook School
24-56		Virginia Episcopal School
24-56		The Webb School
24-56		Western Reserve Academy
24-56		Westminster School
24-56		Westover School (여)
24-56		Woodberry Forest School (남)
57-83	1700-1800	Avon Old Farms School (남)
57-83		Berkshire School
57-83		Canterbury Schoo
57-83		Chatham Hall (여)
57-83		Christ School (남)
57-83		Colorado Rocky Mountain School
57-83		Conserve School
57-83		The Delphian School
57-83		Dunn School

57–83		Foxcroft School (여)
57–83		Garrison Forest School (여)
57–83		Holderness School
57–83		Lawrence Academy
57–83		The MacDuffie School
57–83		Millbrook School
57–83		Northfield Mount Hermon School
57–83		Pomfret School
57–83		The Putney School
57–83		Saint Mary's School (여)
57–83		Salem Academy (여)
57–83		Salisbury School (남)
57–83		Solebury School
57–83		Suffield Academy
57–83		Tabor Academy
57–83		Trinity-Pawling School (남)
57–83		Villanova Preparatory School
57–83		The Williston Northampton School
84–105	1600–1700	Admiral Farragut Academy
84–105		Andrews Osborne Academy
84–105		Brewster Academy
84–105		The Brook Hill School
84–105		The Ethel Walker School (여)
84–105		Fryeburg Academy
84–105		Grier School (여)
84–105		The Gunnery
84–105		Hyde-Woodstock
84–105		Kimball Union Academy
84–105		The Linsly School
84–105		Midland School
84–105		Oakwood Friends School
84–105		The Pennington School
84–105		Proctor Academy
84–105		Scattergood Friends School
84–105		Shattuck-St. Mary's School

84-105	Stuart Hall School (여)
84-105	Subiaco Academy (남)
84-105	Verde Valley School
84-105	Wayland Academy
84-105	Wilbraham & Monson Academy

* (남) : 남학교, (여) : 여학교, 표시 안 된 곳은 남녀공학
* 자료 출처 www.boardingschoolreview.com

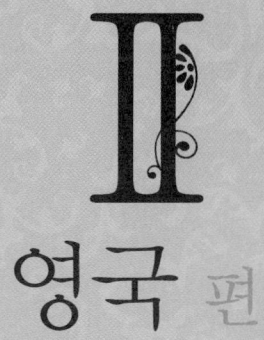

II
영국 편

세븐옥스 스쿨

톤브리지 스쿨

치디히우스 스콜

| 세계의 명문학교 4 |

세븐옥스 스쿨
Sevenoaks School

⋮

공부만 잘해선 '1% 인재'가 될 수 없다

✿ 세계 명문학교의 핵심 공부법 4
… 남을 배려하는 '인성 엘리트'가 되어라

학교 서열화 통해 경쟁하는 영국 사립학교들

독일의 철학자 피히테는 옛 독일 제국이 몰락한 것은 '전통의 단절'에 그 원인이 있다고 주장했다. 물론 피히테가 이렇게 주장한 데에는 위대한 제국에 대한 향수를 불러일으켜 제국의 전통을 일으켜 세우려는 민족주의적, 극우주의적 색채가 깔려 있었다. 하지만 전통의 단절이 거대 제국의 몰락으로 이어졌다는 주장은 곰곰이 되새겨볼 만하다.

일제는 우리나라를 식민지배하면서 전통을 단절시켰을 뿐 아니라 우리의 기억에다 부정적이고 자기혐오적인 민족이라는 굴레를 덧씌웠다. 우리 민족에게 자기긍정적인 기억이 아니라 자기부정적인 기억을 강요한 것이다. 지금도 우리의 의식 속에는 이러한 민족적 열등의식이 내면화되어 있다. 이는 아직도 일제에 의한 전통의 단절과 함께 자기부정적 기억의 굴레에서 자유롭지 못하다는 증거다.

전통을 이야기할 때 빼놓을 수 없는 나라가 바로 영국이다. 영국에는 지금도 역사가 500년이 넘는 명문 사립학교들이 즐비하다. 헨리 6세가 1440년에 세운 이튼 칼리지(Eton College)를 비롯해 1572년에 세워진 해로 스쿨(Harrow School)이 대표적이다. 이튼 칼리지는 토니 블레어 등 영국 수상을 19명이나 배출했고, 해로 스쿨 역시 처칠 수상을 배출한 명문학교다.

세븐옥스 스쿨(Sevenoaks School)은 1432년에 설립되어 역사와 전통이 영국에서 단연 최고다. 세븐옥스 스쿨은 영국의 『더 타임즈』가 영국 최우수 학교(영국 대입 자격시험인 'A-level' 기준)로 선정하면서 더욱 유명세를 치르고 있다. 『더 타임즈』는 영국 내 공립·사립학교 2,000곳의 랭킹 리스트를 매년 발표하는데, 이는 우리나라 학부모들의 조기 유학 지침으로 활용되고 있다. 이 리스트에서는 세븐옥스 스쿨이 1위를 차지한 것을 비롯해 배드민턴 스쿨(Badminton School) 23위, 톤브리지 스쿨(Tonbridge School) 38위, 차터하우스 스쿨(Charterhouse School)이 56위를 차지했다. 우리나라에 잘 알려져 있는 이튼 칼리지는 5위에 그쳤다. 이튼 칼리지는 최고 순위에서 밀려서인지 올 들어 정부의 사립학교 성적 순위표 작성 정책을 거부한 바 있다. 이에 영국 정부는 "학부모들은 어떤 학교가 얼마나 우수한지 알 권리가 있다"며 반박했다.

『더 타임즈』는 영국 내 중·고교뿐 아니라 매년 글로벌 대학 랭킹 리스트도 발표하고 있다. 교육 관련 다국적 컨설팅 기업인 QS와 매년 공동으로 '세계 200대 대학 순위'를 발표하는데, 2007년 순위에서는 미국의 하버드 대학이 1위를 차지했고 서울대는 51위에 올랐다. 또 영국

✤ 런던에서 30분 거리의 한적한 교외에 위치한 세븐옥스 스쿨. 전통과 현대가 조화롭게 어우러진 환경과 인성교육으로 영국 최고 명문학교로 자리매김하고 있다.

의 유력지인 『가디언』도 중·고교·대학의 랭킹을 발표한다. 영국은 이처럼 고교나 대학의 서열화를 아주 자연스럽게 받아들인다.

『더 타임즈』가 선정한 최우수 학교

600년 전통의 세븐옥스 스쿨은 영국 런던에서 60킬로미터 정도 떨어진 켄트에 위치해 있다. 런던에서 켄트로 가는 길은 편도 1차선 도로다. 의외였다. 그런데 런던이나 교외의 도로 대부분이 1차선에서 3차선 정도로 대로가 아니다. 이러한 모습은 영국 경제의 정체성을 말하는 것이라고도 볼 수 있겠지만, 필자의 눈엔 자연과 전통 중시의 단면으로 비쳤다. 또한 600년 가까운 전통을 가진 학교가 현대적인 학풍을 유지하기란 쉽지 않다.

이 학교는 특히 전통과 현대가 조화롭게 어우러진 교육을 추구한다. 역사가 600년 된 학교라고 하면 으레 보수적인 학풍이 지배적일 것이라고 생각하기 쉽지만 그렇지 않다. 2007년에는 이 학교에 실내 암벽타기 시설인 스포츠 클라이밍 시설을 개장했다. 이 학교의 입학 및 홍보 담당자인 사이먼 테일러 씨는 "웬만한 학교에서는 이런 시설을 찾아볼 수 없다"고 자랑했다. 그만큼 전통에 안주하지 않고 현대와의 접목을 시도하고 있다는 말이다.

세븐옥스 스쿨은 1차선 도로를 사이에 두고 캠퍼스가 양분되어 있다. 우선 그 규모가 우리나라 대학 캠퍼스들을 훨씬 능가한다. 강의실 건물과 체육관, 기숙사, 운동장 등이 산재해 있는데 마치 공원에 온 듯한 기분이 든다. 또한 존슨 도서관은 3만 권의 장서를 보유하고 있다.

남녀공학인 이 학교의 전체 학생 수는 1,000명 정도이고 학급당 인원은 15명이다. 재학생 연령은 11세에서 18세 사이(우리나라 초등학교 5학년부터 중고교에 해당)다. 7개 동으로 구성된 기숙사에는 40개국에서 온 외국 학생을 포함해 남녀 학생 350명 정도가 생활한다. 우리나라 유학생은 2명 정도로 다른 학교에 비해 그 수가 적은 편이다. EU 국가에서는 독일 학생이 가장 많고 아시아권에서는 중국과 말레이시아가 각각 4명, 일본 3명, 인도 2명 등이다.

지난해 8월부터 이 학교에 다니고 있는 원정윤 양(9학년)은 조기유학 중에서도 시기가 아주 빠른 경우에 해당한다. 영국이 보딩스쿨이 가장 잘 되어 있는 나라라면서 지식교육과 인성교육을 제대로 받으려면 영국에서 공부해야 한다는 부모님의 권유로 초등학교 5학년 때인 2004년 초에 조기유학을 왔다고 한다. 하지만 영어 실력이 부족해 곧바로 세븐옥스 스쿨에 입학할 수 없어서, 다른 초등학교에 다니며 영어 공부를 하면서 적응 기간을 가졌다.

"처음 영국에 유학 와서 무조건 명문학교에 갈 수도 없어요. 한국 부모들은 처음부터 명문학교를 고집하는 경우가 있는데, 자칫 적응하지 못해서 오히려 학생에게 손해가 되기도 합니다. 원정윤 양처럼 초등학교 때 유학을 올 경우 다른 학교에 다니면서 적응 기간을 거치는 게 바람직합니다. 세븐옥스 스쿨과 같은 최상위권에 있는 학교들은 학비가 아주 비싸기 때문에 학비 부담도 만만치 않지요."

원양의 가디언(현지 보호자)인 김종해 씨(켄월드유학정보센터 영국 지사장)는 "처음부터 명문학교를 고집하기보다 수준이 좀 떨어지더라도 일정 기간 유학 생활 적응에 유리한 학교를 다니다가 명문학교로 옮겨가는 게 바람직하다"면서 "학비 부담도 줄일 수 있기 때문에 오히려 일석이조의 효과를 볼 수 있다"고 조언한다. 영국에서는 혼자 유학 생활을 할 경우 부모 역할을 대신하는 가디언을 두어야 한다.

세븐옥스 스쿨은 명문대 진학 성적에서 단연 최상위권에 속한다. 사이먼 테일러 씨는 "매년 옥스퍼드 대학과 케임브리지 대학에 35명 정도가 진학하고, 미국의 명문대에는 15명 이상 진학한다"고 밝혔다. 평균적으로 졸업생의 20% 이상이 영국과 미국 등의 세계 최고 명문대에 진학한다는 것이다.

대학에 진학하려면 식스 폼 과정 밟아야

　영국의 학생들은 만 16세가 되면 아카데믹 코스와 직업교육 코스 중 하나를 선택하게 된다. 2년 과정인 아카데믹 코스는 '식스 폼(Sixth Form, 최고 학년인 6학년이라는 의미)'이라고 불리는데, 대학입학 시험 준비 과정이라고 할 수 있다. 우리의 수능시험에 해당하는 'A 레벨(A-Level)'을 치르고 대학(University)에 들어가고자 하는 학생이 이 과정을 택한다. 실제로 한국 조기유학생들 대부분이 이 과정을 밟아 대학에 진학한다.

　영국의 초·중·고 학제는 우리나라와 약간 차이가 있다. 의무교육인 초등학교는 12세까지이고, 13세부터 5년간 중등학교(9~13학년)에 다닌다. 우리나라의 중·고등학교에 해당하는 것으로, 중등학교는 9~11학년 과정(주니어스쿨)과 대학 진학 과정인 12~13학년 과정(시니어스쿨)으로 나뉜다. 11학년 때 중등교육 수료 고사인 GCSE(General Certificate of Secondary Education)를 치르는데 이는 일종의 고교 졸업시험이다. 12~13학년의 60% 정도가 대학 진학을 위한 '식스 폼' 과정을, 40%가 직업교육 과정을 밟는다.

　명문 사립학교 학생들은 대다수가 식스 폼 과정을 밟는다. 평균적으로 영국의 전체 중·고교 학생의 7% 정도가 사립학교에 다니고 나머지는 공립학교에 다닌다고 알려져 있다. 대학 진학을 준비하는 2년간의 식스 폼 과정에서는 4개 과목을 공부한다. 13학년 때에는 우리나라의 수능시험에 해당하는 'A 레벨' 시험을 보는데, 보통 3~4개 과목을 선택

❋ 학생들은 예체능도 필수과목으로 이수해야 한다. 세븐옥스 스쿨은 25미터의 대형 수영장을 갖추고 있다.

한다(주로 진학하고자 하는 대학의 학과에서 요구하는 과목을 선택한다).

졸업생 20%가 옥스브리지에 진학

영국은 등록금이 세계에서 가장 비싼 편에 속한다. 미국이 연간 4~5천만 원 수준이라면, 영국은 6천만 원 수준이다. 여기에 사교육비와 잡비까지 합하면 가히 상상을 초월한다. 우리나라 학생들은 유학을 가도 대부분이 과외를 받는다. 방학중에도 귀국하지 않고 영어 에세이 작성법이나 수학 등을 과외하면서 취약한 부분을 보완한다. 필자가 취재하는 중에도 가이드인 조돈일 씨의 휴대전화로 한국 학부모들의 전화가 쉴 없이 걸려왔다. 대부분이 방학중에도 공부할 수 있도록 에세이나 수학 과외 교사를 구해달라는 부탁이었다.

세븐옥스 스쿨은 재력 있는 집안의 소수 엘리트 학생들만 다닐 수 있는 '귀족학교'임에는 틀림이 없다. 하지만 이런 '특혜 받은' 소수의 학생들은 자칫 엘리트 의식이 너무 강해 타인의 아픔을 외면하고 소외 계층과 사회적 약자를 배려하지 않는 '이기적인 인재'가 될 가능성이 있다. 그리고 이 점이 엘리트 교육의 가장 큰 문제점이라고 할 수 있다.

하지만 세계적인 명문학교들이 갖춘, 학생들의 인성과 지성 함양을 위한 학교 자체의 우수한 교과 과정을 통한 교육 프로그램은 우리나라에서는 상상할 수 없을 정도다. 세븐옥스 스쿨에서는 우리나라 대학 수준의 교육을 이미 고등학교에서 제공하고 있다. 예컨대 고전문명론 과목의 경우 수업 태도 30%, 세미나 발표 20%, 시험 50%로 학점을 매긴다. 우리나라 대학에서 성적을 평가하는 방식과 같다. 단, 수업에서 다루는 내용은 우리나라 대학원 수준이다. 호메로스의 『오디세이아』를 비롯해 그리스 비극으로 『안티고네』와 『오이디푸스 왕』, 그리고 아리스토파네스의 그리스 희극을 배운다. 또 베르길리우스의 『아이네이드』 등 로마의 서사시도 공부한다.

필자는 대학원 박사 과정에서 그리스 비극을 공부했다. 당시 그리스 비극을 접하면서 인간의 온갖 악한 모습을 보고 큰 충격을 받은 바 있다. 그 작품들은 지금의 소설을 비롯한 문학작품에서도 다루기 힘든 온갖 인간상들을 등장시켜 선과 악의 대결을 보여주었다. 어머니와의 결혼, 아버지를 살해하는 아들, 자신의 눈을 찔러 죗값을 치르는 주인

공 등을 보면서 그리스 비극이 갖는 문학성에 감탄하던 기억이 생생하다. 그때 그런 충격과 감명을 받으면서 대학 시절에 이런 과목을 들었다면 하고 아쉬워하기도 했다. 그리스 비극이나 로마 시대의 고전은 현대의 모든 문학과 예술에 영감을 주고 있는 작품이어서 누구나 공부해야 하는 필수과목이라고 할 수 있다.

세븐옥스 스쿨은 학생을 선발할 때부터 인성을 갖춘 학생을 뽑기 위해 1박 2일에 걸쳐 기숙사에서 지내게 하면서 학생들을 인터뷰하고 생활 태도나 친구 관계 등을 관찰해 입학 사정에 반영하는 것을 제도화하고 있다. 이는 무엇보다 자기 자신만 아는 이기적인 엘리트를 방지하기 위해서다. 또한 다른 학교들처럼 학생들의 학교 밖 봉사 활동

❋ 600년 전통의 세븐옥스 스쿨은 공원 같은 아름다운 캠퍼스를 자랑한다.

을 의무화하고 있다. 명문학교의 자부심과 엘리트 의식을 부여하되 사회적으로 고립되는 존재가 되지 않도록 인성교육 방침을 제도화하고 있는 것이다.

골프장 대신 보딩스쿨을!

자원이 없는 한국은 인재 양성으로 부국(富國)의 길을 만들 수밖에 없는 나라에 속한다. 그러기에 세계적으로 경쟁력 있는 인재를 키워내는 선진 교육 시스템의 확립이야말로 가장 절실한 과제가 아닐 수 없다. 영국이나 미국, 캐나다의 명문학교들은 부러울 정도로 방대한 캠퍼스에 최고의 시설을 갖추고 있다. 따라서 학생들은 공부뿐만 아니라 예술, 스포츠를 비롯해 각종 방과후 활동도 마음껏 즐길 수 있다.

세계를 이끌 핵심 인재는 지식만으로는 만들어지지 않는다. 남을 배려하는 인성과 강인한 신체, 다른 사람을 설득하고 이끌 수 있는 리더십을 갖추어야 한다. 지식 엘리트와 인성 엘리트, 스포츠 엘리트 가운데 어느 하나라도 소홀히 할 수 없다. 미국이나 영국 등 교육선진국에서는 이처럼 지식과 인성, 스포츠 실력을 골고루 연마한 인재를 키워내 미래에 대비하고 있다.

그렇다면 과연 우리나라의 학교 현실은 어떠한가. 대부분의 학교들이 기껏해야 교사(校舍) 한 동, 체육관 한 동, 운동장 하나를 가지고 있을 따름이다. 캠퍼스 대지가 1만 평을 넘지 않으니 학생들이 운동할 곳

✣ 캠퍼스 곳곳에 위치한 7개 동의 기숙사에서는 40개국에서 온 외국인 학생들을 비롯해 350명 정도의 학생이 생활하고 있다.

역시 마땅치 않다.

　몇 년 전부터 각 지자체마다 재정 수입 마련을 위해 골프장 유치에 나서고 있다. 골프장을 유치하면 세금을 많이 거둘 수 있기 때문이다. 지자체들이 골프장을 유치하려는 곳에 기숙사형 학교를 세우는 것도 고려해 볼 수 있지 않을까. 그것이 긴 안목에서 지역을 살리고 나라를 살리는 길일 것이다. 한적한 대자연 속의 수십만 평이 넘는 드넓은 캠퍼스에서 학생들이 마음껏 공부할 수 있는 보딩스쿨이 있다면 조기유학생 수가 크게 줄어들 수 있지 않을까 하는 생각도 하게 된다.

　우리나라 30~40대 부모의 가장 큰 고민은 바로 자녀의 교육 문제다. 조기유학, 영어 연수, 기러기 아빠 같은 말만 들어도 가슴이 답답해진다. 동료나 친구가 아이를 조기유학 보냈다는 말만 들어도 괜히 내 아이에게 뭘 제대로 못 해주고 있는 것 같은 자책감에 빠진다. 그만큼 조기유학이나 영어교육 문제는 이제 막 가장이 된 새내기 아빠에게도 힘겨운 짐으로 다가온다.

　정부의 영어 공교육 강화 방침에도 불구하고 학부모들이 여전히 조기유학을 선호하는 이유로는 여러 가지를 들 수 있다. 그중 하나로 국내의 열악한 영어교육 환경과 시설이 손꼽힌다. 세계적인 사립학교들은 공부뿐만 아니라 스포츠나 음악 등의 예술을 체계적으로 가르친다. 시설이 잘 갖춰져 있음은 두말할 나위가 없다. 미국이나 영국의 유명 사립학교는 학교 부지가 50만 평 이상인 곳이 허다하다.

　이명박 정부는 자율형 기숙학교 100곳을 지어 차별화된 교육을 제공해 조기유학 수요를 국내에서 흡수하려 하고 있다. 문제는 역시 미비한 교육 시설과 환경이다. 외국의 명문 사립학교를 가보면 하나같이 도심과 떨어진 자연 속에 위치해 있고 규모면에서도 우리나라 대학 캠퍼스를 능가한다. 세계적인 명문 사립학교들의 캠퍼스는 대부분이 수십만 평에 이른다.

골프장은 18홀의 경우 30~40만 평 이상의 면적을 필요로 한다. 만약 40만 평 되는 곳에 골프장 대신 기숙사형 학교를 지어 체계적인 교육 시설을 갖춘다면 언젠가는 우리나라 학부모들도 조기유학 대신 이곳을 선호하게 되지 않을까. 엉뚱한 비약일지도 모르지만, 우리나라의 장기적인 공교육의 해법으로 영국과 같이 세계적인 경쟁력을 갖춘 '기숙사형 학교(보딩스쿨)'에서 대안을 찾을 수도 있지 않을까.

세계 명문학교의 핵심 공부법 4
… 남을 배려하는 '인성 엘리트'가 되어라

요즘 직장에는 자기만 생각하는 이기적인 인재들이 많다. 상사가 부하 직원들의 눈치를 볼 정도다. 심지어 상사들이 '부하 직원 스트레스'에 시달리는 실정이다. 그러다 폭행 사건으로 이어지는 경우도 종종 뉴스에서 보게 된다. 아무리 박식하고 명문대를 나온 '인재'라도 다른 사람을 배려하지 못한다면 조직에서는 '공공의 적'이 될 수밖에 없다.

요즘 기업체나 조직체에서 가장 각광받는 인재는 자기만 아는 '이기적인 인재'가 아니라 남을 배려하는 '이타적인 인재'라고 한다. 명문학교를 나온 이기적인 '지식 엘리트'가 아니라 남을 배려할 줄 아는 '인성 엘리트'인 것이다. 그런데 우리나라의 입시 위주 교육은 '지식 엘리트'를 양산하는 데 초점이 맞춰져 있다. 여기에 인성교육은 끼어들 틈이 없다.

가정에서도 부모들은 돈 벌기에 바빠서 자녀교육에 신경 쓸 겨를이 없다. 부모들은 자녀에게 늘 이런 식으로 말한다. "엄마 아빠는 열심히 돈 벌 테니까 너희는 신경 쓰지 말고 공부만 열심히 해라." 하지만 공부만 열심히 한다고 해서 훌륭한 사람, 존경받는 사람이 되는 게 결코 아니다. 우리나라에서는 가정도, 학교도 인성교육을 등한시한다. 그 결과 우리 모두가 서로에게 불평하고 상처를 주고받으며 살아가고 있다.

 지식보다 경쟁력 있는 것이 바로 인성이다. 자녀들에게 공부만 강조하다 보면 나중에는 부모도 몰라보고 다른 사람도 배려할 줄 모르고 오직 자신만 아는 이기적인 인간을 만들게 된다.

 세계적인 명문학교일수록 인성교육을 중시해, 학생들을 남을 배려하는 이타적인 인재로 키우기 위해 노력한다. 심지어 학생을 뽑을 때부터 지식뿐만 아니라 학생의 생활습관이나 대인관계 능력을 주요 기준으로 삼는다.

 영국의 최우수 학교로 뽑힌 세븐옥스 스쿨에 입학하려면 자신이 '지식 엘리트'일 뿐만 아니라 '인성 엘리트'라는 것도 보여주어야 한다. 세븐옥스 스쿨은 영국에서도 톱 랭킹에 속하는 명문학교일 뿐만 아니라 까다로운 인성 면접으로 입학하기가 결코 쉽지 않다. 이 학교에 입학하려면 반드시 학교 기숙사에서 1박 2일을 지내면서 인성 면접을 봐야 한다. 이는 학생의 인성을 종합적으로 평가하기 위해서라고 한다.

 입학 담당자인 사이먼 테일러 씨는 "지원자가 다른 학생들과 하루 정도 함께 생활하면서 어떤 행동을 취하는지를 관찰해 지원자의 생활 방식, 인성, 교우 관계 등을 꼼꼼히 점검한다"고 말했다. 물론 학생의 인성과 관련된 자료가 학생의 입학 여부에 결정적인 영향을 미치는 것은 두말할 나위 없다. 윈체스터 스쿨의 경우, 3박 4일에 걸쳐 기숙사에서 숙식하며 입학 전형을 치른다. 이러한 전형 과정을 통과해 입학하게 되면 학생들은 지식과 인성을 조화롭게 갖춘 인재라는 자신감과 최고 학교의 재학생이라는 자부심을 동시에 갖게 된다.

세븐옥스 스쿨에 다니고 있는 원정윤 양도 입학하기 전에 1박 2일 동안 기숙사에서 지내면서 인터뷰와 지능 검사를 받았다. 이때 교사들은 학생의 일거수일투족을 세심하게 관찰한다. 교사가 학생을 관찰하는 것은 지식뿐 아니라 인격 형성이 제대로 되어 있는지 보기 위해서다. 원양은 "한국 학교에서는 공부만 잘하면 되지만 세븐옥스에서는 공부만 잘한다고 학교 생활을 잘할 수 없다는 것을 알았다"고 말한다.

| 세계의 명문학교 5 |

톤브리지 스쿨
Tonbridge School

∴

감성교육을 중시하는 독특한
'하우스 시스템'

❋ 세계 명문학교의 핵심 공부법 5
… 방과후 활동을 공부만큼 중시하라

자랑할 만한 공원 같은 캠퍼스

　영국은 영리할 정도로 전통과 현대를 잘 버무려 상품으로 만들어낸다는 생각이 든다. 런던 중심부에 자리 잡은 워털루 역 인근의 템스 강변에는 '런던 아이(London Eye)'라는 세계 최대의 회전관람차가 있다. 매년 3,500만 명이 이용할 정도로 런던의 명물이자 상징물로 잘 알려져 있는데, 1회 탑승 요금이 13.50파운드(약 27,000원)로 매우 비싸다.
　반면 내셔널갤러리나 대영박물관 같은 전통적인 명소들은 입장료를 받지 않아 무료로 관람할 수 있다. 이렇게 무료로 명소를 관람한 관광객들은 템스 강변의 '런던 아이'에 와서는 돈을 쓰지 않을 수 없게 된다. 다 공짜로 볼 수는 없는 것 아닌가 하는 일종의 '미안함'과 함께…….
　영국의 사립학교(대부분이 기숙사를 갖춘 보딩스쿨)들 또한 전통 보전과

✤ 런던에서 30분도 안 되는 켄트에 자리 잡은 톤브리지 스쿨. 마치 중세의 성을 그대로 보존해 놓은 듯한 고풍스러운 분위기를 풍긴다.

발전에 한몫을 하고 있다. 자국 내에서뿐만 아니라 세계적으로 '명품'으로 통하면서 전 세계 학부모를 대상으로 교육 비즈니스를 하고 있는 것이다. 그런 그들을 보면 사양길에 접어든 제조업 대신 금융 서비스업과 교육 산업이 영국을 먹여 살리고 있지 않나 하는 생각마저 든다. 그도 그럴 것이, 영국의 명문 보딩스쿨은 한 해 등록금(기숙사비 포함)만 해도 한화로 5천 5백만 원에 이른다. 가히 세계 최고 수준으로 학교마다 벌어들이는 학비가 우리나라의 웬만한 중소기업의 한 해 매출을 능가한다. 이런 학교가 영국 전역에 산재해 있으며, 아시아권 조기유학생들이 2~3년씩 대기해야 들어갈 수 있을 정도로 '배짱 영업'을 하고 있다.

런던 인근의 켄트에 자리 잡은 톤브리지 스쿨(Tonbridge School)은

1553년에 설립된 유서 깊은 학교다. 캠퍼스 안의 담쟁이넝쿨(아이비)로 뒤덮인 건물들은 오랜 전통의 분위기를 물씬 풍긴다. 필자가 그곳을 찾았을 때는 때마침 만추에 젖은 교정의 건물들이 담쟁이넝쿨로 화려한 전통미를 뽐내고 있었다. 고풍스러운 건물과 담쟁이넝쿨의 조화는 톤브리지의 명성을 그대로 보여주었다.

톤브리지 스쿨은 남학교로, 13~18세 학생들이 다니는 중·고교에 해당한다. 전체 학생 수는 750명이고, 그중 60% 정도인 450명이 기숙사 생활을 한다. 학급당 인원은 13명이다. 캠퍼스 규모는 18만 3천여 평(150에이커) 정도로 마치 거대한 공원 같다. 캠퍼스 곳곳에는 12개 동의 하우스(기숙사)가 있는데, 학생들은 이곳에서 심신을 단련하며 최고의 엘리트 교육을 받는다. 영국은 공교육이 붕괴됐다며 아우성이지만 유명 사립학교만큼은 무풍지대나 다름없다. 조용하고 차분하게 전통과 호흡하는 최고 인재의 산실이라는 자부심이 캠퍼스에 충만해 있다.

하우스 시스템을 통해 완성되는 인성교육

톤브리지 스쿨의 홍보 디렉터인 레이첼 호지슨 씨는 학교를 자랑해달라는 필자의 요청에 서슴없이 "영국에서 가장 환상적인 아카데믹 스쿨로, '톱 중의 톱'에 드는 학교"라며 "우선 옥스브리지 합격자들이 이를 증명한다"고 말했다. 그러면서 『쿠리어 *Courier*』지에 난 기사를 펼쳐 보였다. 영국 명문대를 상징하는 이른바 '옥스브리지'에 최근

5년 동안 졸업생의 21.9%가 진학했다는 보도였다. 이는 영국 전체 고등학교에서 최상위급에 해당하는 수치라고 한다.

'옥스브리지(Oxbridge)'는 옥스퍼드 대학(Oxford)과 케임브리지(Cambridge) 대학의 합성어다. 톤브리지 스쿨은 옥스브리지에 지난해 37명이 합격한 데 이어 2007년에는 23명이 입학했다. 호지슨 씨는 "특히 영국의 수능시험에 해당하는 에이 레벨 시험에서 올해 73.3%가 A등급(전체 여섯 등급)을 받는 등 재학생들의 학습 능력이 우수하다"고 말했다. B등급까지 합치면 전체 졸업생의 94.5%에 이른다며 학교 자랑이 끝이 없었다. 등록금이 너무 비싼 게 아니냐는 질문에는 "비싼 만큼 학생들에게 좋은 진학 성적으로 되돌려준다"고 응답했다.

명문대 진학률이 높은 이유를 묻자 호지슨 씨는 "학교의 리더 트레이딩 프로그램을 통해 감성지능을 배양하는 인성교육에 비결이 있다"고 말했다. 교사와 학생 비율이 1대 8 정도여서 교사가 학생을 항상 관심 있게 지도할 수 있다고 한다. 톤브리지 스쿨 인성교육의 특색은 독특한 '하우스 시스템(House system)'을 통해 이루어진다는 데에 있다.

학생들의 방과후 활동의 중심 역할을 하는 곳은 다름 아닌 '하우스'다. 기숙사 생활을 하는 학생이든 집에서 통학하는 학생이든 전체 학생이 12개 하우스에 소속되어 있다. 재학생의 60%만이 7개 보딩하우스에서 생활하지만, 나머지 학생들의 수업 외 학교 생활 역시 '하우스'를 중심으로 이루어진다. 또한 각 하우스마다 하우스 마스터(House master)와 튜터(tutor)들이 학생들의 감성교육을 담당한다. 튜터들이 학생들의 방과후 활동과 종교 활동 등을 관리하면서 부모들이 해주지 못하는 인성교육과 감성교육을 담당하는 것이다. 교실 수업이 지식교육이라면 하우스 수업은 인성교육인 셈이다.

이 학교에 다니는 정승우 군(1학년)은 우리나라의 중1년생에 해당한다. 초등학교 6학년 1학기를 마치고 영국으로 유학 온 정군은 지난해 9월부터 이 학교에 다니고 있다. 정군은 "하우스마다 다른 문화가 있다"면서 "학생들은 자신이 소속된 하우스의 전통과 문화에 자부심을 갖고 페스티벌과 아트, 스포츠 등을 통해 서로 경쟁한다"며 학교 분위기를 전했다. 학생들은 식당이 아니라 각자 자신이 속한 하우스에서 따로 식사를 한다. 식사 시간도 일종의 교육의 장으로 활용해 개성 있는 식사 문화를 가르치고 감성교육을 하는 것이다. 이를 위해 하우스마다 요리사를 별도로 두고 있다. 영국 학생뿐 아니라 세계 20개국에서 온

❋ 톤브리지 스쿨에 재학중인 정승우 군(왼쪽)과 오종민 군

❋ 450년 전통의 학교답게 건물마다 전통과 역사를 상징하는 담쟁이넝쿨이 고풍스러움을 더한다.

유학생들을 위해, 요리사들은 이들 학생의 음식 문화에 맞춘 요리로 향수를 달래주기도 한다. '전통 중시' 못지않은 학생들의 '개성 중시'가 톤브리지 스쿨의 특징이라는 생각이 들었다.

  다른 사립 보딩스쿨의 경우 전체 학생이 한 식당에서 함께 식사를 한다. 이 경우 개별적인 '하우스 문화'라는 게 없다. 톤브리지 스쿨에는 하우스마다 하우스 마스터가 있고 그 밑에 3명의 튜터가 있다. 하우스 마스터와 튜터들은 일종의 하우스 문화의 사령관인 셈이다. 하우스 마스터는 대부분 이 학교 교사 출신인데, 이는 학교와 하우스 문화를 잘 알아야 전통의 창조적 잇기가 가능하기 때문이라고 한다. 홍보 디렉터인 호지슨 씨의 남편 역시 현재 하우스 마스터로 재직하고 있다고 했다.

'하우스'에서 인생의 모든 것을 배우다

　공부는 교실에서 하지만 나머지 시간 활용은 대부분 하우스를 중심으로 이루어진다. 모든 학생들은 방과후에 예체능과 서클, 봉사 활동 등을 필수적으로 해야 한다. 스포츠의 경우 하우스별로 시합을 하는데 경쟁이 치열하고 자부심이 대단하다. 또한 대학 진학 때 하우스 마스터가 추천서를 써주는데, 스포츠 활동 역시 매우 비중 있게 반영된다. 스포츠를 통해 리더십을 키우고 인성을 다듬게 되기 때문이다. 명문 사립학교끼리 대항 경기를 하고 학생들은 종목마다 최고 선수들이 소속된 팀에 들기 위해 졸업할 때까지 노력한다. 실력이 좋지 않은 선수들이 소속된 하위 팀에 들어가면 불명예스러울 뿐 아니라 하우스 마스

❊ 톤브리지 스쿨의 도서관 내부 모습으로 학생들이 책이나 신문을 읽고 있다.

터의 추천서에 들어가는 내용 또한 변변치 않아 대학 진학에도 결코 유리하지 않기 때문이다.

음악도 스포츠만큼 중시한다. 톤브리지 스쿨의 학생들은 60% 이상이 악기를 다룰 줄 안다. 이 학교에 재학중인 오종민 군(3학년)은 더블베이스 실력이 수준급이다. 럭비와 하키도 최고 선수들이 소속된 A팀에 속해 있다. C팀에 있으면 '노력 부족'의 불명예가 따른다. 학생들은 대부분 졸업하기 전에 A팀에 들어가기 위해 부단히 노력한다. 오군이 A팀에 들어간 것은 그만큼 럭비에 구슬땀을 쏟았다는 것을 의미한다. 정승우 군도 럭비를 하는데 1학년이어서 아직 초보 팀에 소속되어

✤ 마치 중세의 성을 방불케 하는 톤브리지 스쿨의 캠퍼스 전경

있다. 톤브리지 스쿨의 학생들은 럭비, 하키, 크리켓 가운데 한 종목을 선택해 반드시 선수로 뛴다. 모든 학생이 선수라고 할 수 있는데, 교내에서는 '하우스 매치'를, 교외에서는 '스쿨 매치'를 벌이면서 경기력을 향상시킨다.

남학교인 톤브리지 스쿨은 이튼 칼리지(재학생 1,300명)보다 규모는 작지만 명문대 진학률 등에서는 결코 뒤지지 않는다고 호지슨 씨는 강조한다. 졸업생들이 변호사나 저널리스트, 비즈니스 등 전문직으로 진출하는 경우가 다른 학교에 비해 상대적으로 많다고 한다. 이와 관련해 학생들을 대상으로 10일마다 열리는 외부 명사 초청 강연회가 큰 도움이 되고 있다고 평가했다. 호지슨 씨는 학생들에게 공부 이외에도 직업 등에 대해 생각할 기회를 주기 위해 초청 특강을 개최한다고 설명했다.

톤브리지 스쿨에서 학생들에게 가장 강조하는 것은 바로 속물 엘리트에 대한 경계다. 호지슨 씨는 "최고의 학생을 원하지만 '속물' 엘리트는 결코 원하지 않는다"는 말로 교육에서 중시하는 자부심을 강조했다.

450년이 넘는 전통 속에 '최고'라는 자부심을 심어주는 교육, 여기에 현대의 시대정신과 호흡하려는 학교와 학생의 노력이 합쳐져 영국 최고의 명문학교, 세계적인 명문학교로 자리매김하고 있는 것이다. 그 중심에 있는 것이 바로 스포츠다.

인격 수양의 장으로 활용되는 스포츠

영국의 사립학교들은 600년 넘는 전통을 이어오면서 정치가, 지식인, 법조인, 군인 등 정치·경제·사회의 엘리트를 공급하는 인재 산실의 핵심적인 역할을 해왔다. 그리고 지금은 세계 각국의 유학생을 받아들이면서 세계적인 리더들을 배출하는 역할을 하고 있다. 영국이 국가 브랜드 세계 3위(2007년)를 유지하고 있는 것은 어쩌면 1440년에 설립된 이튼 칼리지와 같은 사립학교들이 세계 각국의 파워 엘리트들의 산실 역할을 해오고 있기 때문이 아닐까.

영국 사립학교의 전통은 하루아침에 이루어진 것이 결코 아니다. 그리고 지금은 영국 사립학교들이 엄격한 규율과 엘리트 교육으로 세계적인 명문학교로서 선망의 대상이 되고 있지만, 1800년대에는 많은 문제점을 안고 있었다. 사춘기 청소년들이 집단으로 생활하는 기숙사 곳곳에서 벌어지는 수음이나 동성애와 같은 외설적인 행위나 학생 폭력으로 큰 곤욕을 치렀기 때문이다. 1818년에 윈체스터 스쿨은 학생들의 폭력 난동으로 군대를 투입해야 할 정도의 위기를 겪었고, 유명한 시인 바이런은 학생 반란을 주동하기도 했다.

모든 일이 그렇듯이 파멸적인 상황을 거치면서 혁신을 요구하는 목소리는 높아지게 마련이다. 사립학교의 무질서와 비도덕적인 모습에 개탄하는 목소리가 커지자 획기적인 개혁이 시작되었다. 그 개혁 방안 중 하나가 축구와 럭비 같은 단체 경기를 통해 학생들의 인격을 수양하는 것이었다. 이러한 새로운 교육 방식은 운동 경기를 통해 학생들에게 규율을 준수하게 하고 절제력을 길러줄 수 있다는 것을 일깨워주었다. 19세기 초까지도 영국의 지배층은 축구를 하급 계층의 자녀들이나 하는 운동으로 비하하고 조정 경기도 금지할 정도였다.

하지만 1850년대에 들어서서는 영국 사립학교에서 스포츠가 하나의 체계로 자리 잡기 시작했다. 크리켓 구장을 건립하고 조정 경기를 재개했다. 이튼 칼리지도 19세기 말에 스포츠를 받아들였다. 당시 이튼 칼리지에는 "하루에 한 번, 그리고 공휴일에 두 번 축구 경기를 하지 않는 학생은 벌금을 물고 매를 맞는다"라는 공문이 학교 게시판에 붙기도 했다. 1910년대에 이튼에 다녔던 『1984년』의 작가 조지 오웰은 일주일에 사흘은 오후에 단체 경기를 했다고 증언했다.

영국 사립학교에서 스포츠를 받아들이게 된 데에는 좀더 깊은 의도

✤ 영국 사립학교에서 스포츠는 필수과목이다. 경쟁을 통해 관용의 정신과 남성성을 배우는 장으로 큰 역할을 하고 있기 때문이다.

가 작용했다. 바로 학생들의 폭력적 성향을 잠재우기 위해 스포츠를 도입한 것이다. 또한 스포츠는 기숙사 생활을 하는 청소년들의 수음이나 동성애 등의 퇴폐 행위를 방지하기 위한 수단이기도 했다. 20세기 초까지 학생들의 자위행위를 막기 위해 육체적으로 완전히 기진맥진한 상태로 잠자리에 들게 해야 한다는 이론이 설득력을 얻으면서 스포츠는 더욱 각광받게 되었다.

스포츠는 서로 경쟁하면서도 단체를 위해 기꺼이 자신을 버리는 정신을 배울 수 있는 활동이다. 특히 제국주의 영국에서 국민에게 요구한 덕목은 다름 아닌 제국주의적인 남성성이었다. 남성성은 크리켓이나 축구 같은 단체 경기를 통해 함양되는데, 이러한 경기는 남자다움의 훈련으로 간주되어 기사들의 전투에 비유되었다. 이들 스포츠는 강력한 집단적 충성심을 유발하고 자율적인 개인이라는 개념은 허용하지 않았다. 지금도 영국에서 축구가 가장 인기 있는 스포츠로 자리 잡고 있는 것은 이러한 남성성을 함양해 온 영국 사립학교의 교육 관행과 무관하지 않다(박지향의 『영국적인, 너무나 영국적인』 참고).

세계 명문학교의 핵심 공부법 5
… 방과후 활동을 공부만큼 중시하라

영국 옥스퍼드 대학에는 '로즈 장학제도(Rhodes scholarship)'라는 것이 있다. 로즈 장학금은 그야말로 '1% 인재'의 상징으로, 이 장학금을 받는 것만으로도 세계 최고의 인재임이 증명된다. 로즈 장학생은 세계 최우수 엘리트 중의 엘리트, 1% 인재 중의 인재라고 할 수 있다.

　로즈 장학생의 선발 기준을 보면 누구나 혀를 내두를 정도다. 공부를 잘하는 것은 기본이고, 발군의 리더십 자질과 도덕적 힘을 갖춰야 한다. 탁월한 운동 실력까지 있다면 금상첨화다. 영국 사업가 세실 로즈(Cecil Rhodes)는 로즈 장학제도를 설립할 때 육필로 이 네 가지 선발 기준을 제시했다. 이러한 기준에는 어떤 자질을 갖춰야 인재인지를 판단하는 영미권의 철학이 고스란히 녹아 있다. 즉, 로즈 장학생 선발의 기준은 학문적 능력만 고려하는 것이 아니라 스포츠맨이나 자원봉사자로서의 활동 경력, 업적 등을 종합적으로 평가하는 것이다.

　장학생으로 뽑힌 학생들의 면면을 보면 그야말로 수퍼 인재, 만능 엘리트라는 생각이 든다. 로즈 장학생 선발위원회 웹사이트에 공개된 장학생들의 이력을 보면 만 22세의 학생들이 마치 '괴물'처럼 보일 정도다.

클래라 블래틀러 : 하버드대 지구과학 전공 4년생. 아이비리그 장대높이뛰기 챔피언. 바이올린과 피아노 연주자. 남미, 아프리카, 유럽에서 폭넓은 해양학 연구.

애덤 레빈 : 다트머스대 4년생. 미술사, 수학, 사회과학을 동시에 전공. 기하학을 역사, 미술, 고고학 분야에 적용하는 연구. 라이트 헤비급 복싱 선수. 고전학 연구 계획.

스콧 톰슨 : 스탠퍼드대 졸업. 정치학, 심리학 전공. 뉴욕 브롱크스의 흑인 빈민가에서 초등학교 교사 생활. 학부생을 위한 논문집 창간(편집인). 사회복지정책 연구 계획.

1902년에 처음 장학생을 선발하기 시작한 로즈 장학제도는 학문적 성취, 인격적 완성도, 잠재적 지도력, 육체적 활력 등의 선정 기준으로 유명하다. 옥스퍼드 대학에 본부를 둔 로즈 장학재단(Rhodes Trust)에 의해 운용되고 있으며 2004년에는 한국계 학생도 선발된 바 있다.

영국에서는 옥스퍼드와 케임브리지의 합성어인 '옥스브리지'가 미국의 '아이비리그'처럼 명문대학을 상징한다. 아이비리그 대학들과 마찬가지로 옥스브리지 역시 성적만 우수하다고 합격할 수 있는 것은 아니다. 성적뿐 아니라 봉사정신, 스포츠 능력, 예술적 재능, 리더십과 면접 능력 등을 고루 반영해 학생을 선발하기 때문이다. 여학교인 배드민턴 스쿨과 남학교인 럭비 스쿨이 명문학교가 될 수 있었던 것은 스포츠를 통한 인격 수양과 단결심, 협동심, 절제력 등을 중시하는 전통 덕분이다.

스포츠가 옥스브리지의 학생 선발에 중요한 기준으로 작용하는 것은 더 말할 나위가 없다. 그야말로 지식과 인성, 여기에 스포츠를 통해 강인함을 구비한 '수퍼 인재'가 되어야만 선발될 수 있는 것이다.

톤브리지 스쿨이 모든 학생들에게 방과후 예체능과 서클, 봉사 활동 등을 필수적으로 요구하는 것은, 공부 한 가지만 잘해서는 결코 세계를 이끌 1% 인재가 될 수 없기 때문이다. 우리나라 학생이 청소년기에 공부만 한다면 지식 엘리트는 될 수 있을지언정, 그 외에 인성이나 스포츠 면에서는 결코 세계의 인재들과 비교될 수 없다. 지식 엘리트만으로는 세계적인 인재로 각광받을 수 없음은 자명한 일이다.

스포츠는 영국뿐 아니라 미국, 캐나다, 오스트레일리아 등의 명문 사립학교에서 인격 수양의 장으로 활용되면서 필수과목으로 자리 잡고 있다. 청소년들은 스포츠를 통해 책에서는 얻을 수 없는 덕목을 배우고 받아들인다. 스포츠는 공동체를 위해 자신을 희생할 수 있는 용기와 인내심뿐만 아니라 침착성, 자기 극복의 힘, 공정성, 다른 사람의 성공을 기꺼이 함께 축하할 수 있는 아량과 관용 등을 가르칠 수 있는 최고의 과목인 것이다.

|세계의 명문학교 6|

차터하우스 스쿨
Charterhouse School

:

최고의 인재로 키우되
'엘리트주의'를 경계한다

❋ 세계 명문학교의 핵심 공부법 6
… '최고'라는 자부심을 갖되 '속물'은 되지 마라

오늘의 영국을 있게 한 전통의 명문학교들

1861년 영국에서는 중등교육 현황을 총체적으로 파악하기 위한 의회 조사위원회로 클래던위원회가 구성되었다. 클래던위원회는 당시 대표적인 영국의 사립학교로 이튼 칼리지(Eton College), 해로 스쿨(Harrow School), 윈체스터 스쿨(Winchester School), 차터하우스 스쿨(Charterhouse School), 럭비 스쿨(Lugby School), 슈루즈버리 스쿨(Shrewsbury School), 웨스트민스터 스쿨(Westminster School), 세인트 폴 스쿨(St. Paul's School), 머천트 테일러스 스쿨(Merchant Taylors School)의 9개 학교를 선정했다. 이때부터 이 학교들은 영국의 엘리트 사립학교를 상징하는 명문학교가 되었고, 이 가운데 가장 귀족적인 학교로 이튼 칼리지가 꼽혔다. 1830년 이래 이튼 졸업생 가운데 10명의 총리가 배출되었다.

✤ 비 온 뒤 쌀쌀한 날씨에 학생들이 수업을 받으러 이동하고 있다.

　아이러니하게도 영국에서는 사립학교를 '퍼블릭 스쿨(public school)'이라고 표기한다. '퍼블릭'의 의미를 담은 사립학교는 수백년 전인 설립 초기에는 성직자뿐 아니라 대중(the public)에게도 교육의 기회를 제공하려는 의도를 갖고 있었다. 학비를 내기 어려운 가난한 학생들도 사립학교에서 부잣집 학생들과 공부할 수 있었던 것이다.

　가장 오랜 역사를 자랑하는 윈체스터 스쿨은 1378년 윈체스터의 주교가 설립했는데, 설립 초기의 학생 구성을 보면 학비를 부담하는 학생은 10명이었고, 가난한 학생들이 무려 70명에 달했다. 하지만 19세기에 이르러서는 이런 비율이 뒤바뀌어 가난한 학생이 10명이고 부잣집 학생이 70명에 이르렀다. 그러다 19세기 이후 영국 사립학교는 최고의 부유층 자녀들만 들어갈 수 있는 '그들만의 리그'로 변해 상류층이 독점하다시피 했다.

　귀족과 상류층의 전유물이 사립학교였다면 상인과 자영농의 아들들은 주로 '문법학교(grammar school)'에 진학했다. 문법학교 역시 사립학교 못지않은 오랜 전통을 갖고 있었는데, 문법학교는 19세기 들어 쇠퇴의 길에 들어섰다가 현재 다시 부활하고 있는 추세다. 엘리트 자제들은 이전에도 6~8세에는 프렙스쿨에 입학해 다니다가 12세가 되면 사립학교로 진학했다. 그리고 지금까지도 이런 전통이 이어지고 있다.

영국에서 사립학교가 번성한 것은 산업혁명으로 다른 나라보다 앞서 발달한 철도가 한몫을 했다. 철도의 발달은 전국에 있는 상류층 자녀들을 사립학교로 모여들게 한 결정적 계기가 되었다.

영국의 보딩스쿨은 20세기 초까지만 해도 기대에 부응하는 교육을 제공하지 못했다고 한다. 학생들을 기숙사에 한데 몰아넣고 거의 수도원 같은 환경에서 지내게 만드는 기괴한 기관으로 비치기도 했다. 1500년에 영국을 방문한 이탈리아인은 사립학교를 자녀들에게 애정이 없는 부모들이 보내는 곳으로 여기기까지 했다. 이튼 칼리지의 기숙사는 52명이 사용하는 긴 방으로 유명했는데, 난로조차 없는 헛간 같은 방이었다고 한다.

20세기 초에 사립학교를 다녔던 소설가 조지 오웰은 한창 자랄 시기의 소년들이 늘 굶주렸다고 털어놓기도 했다. 가장 귀족적이라는 이튼 칼리지에서도 학생들은 오후 식사 이후에는 굶어야 했다. 가끔 저녁 늦게 생선튀김이 급식으로 제공됐는데 이는 극빈 노동자들이 즐겨 먹는 음식이었다. 8세에 학교에 입학한 조지 오웰은 학교 생활에 적응하지 못해 침대에 오줌을 지리기도 해서 교장에게 매를 맞고 모욕까지 당했다고 한다.

영국 사립학교의 명성은 이러한 시행착오를 겪으면서 새로운 제도와 시스템으로 개혁해 세계적인 명문학교의 위상을 갖추게 되었다. 현재 영국의 공교육은 곤두박질치고 있다. 공교육 붕괴와 함께 교육의 빈익빈 부익부 문제가 심각한 상황이다. 사립학교들이 다양한 장학금 제도를 마련해 놓고 있지만, '사립학교=귀족학교'라는 사회적인 인식이 여전히 퍼져 있고 진입 장벽도 높다. 그럼에도 불구하고 영국이 지금껏 세계를 주도하는 핵심 인재를 배출하고 있는 것은 바로 전통의 명문학교들이 있기에 가능한 것이 아닐까.

비싼 학비는 학생들을 위한 투자 비용

차터하우스 스쿨(Charterhouse School)은 영국을 상징하는 유서 깊은 전통 명문학교 가운데 하나다. 학교는 런던에서 승용차로 1시간가량 떨어진 거리의 고달밍에 위치해 있다.

레브드 존 위더리지 교장은 먼저 "등록금은 세계 최고 수준이지만 받은 만큼 학생들에게 돌려준다"고 강조했다. 위더리지 교장은 "영국의 전통 명문학교에서는 세계 최고의 전통과 우수한 교사진이 세계를 주도할 미래의 인재를 배출하고 있다"고 말했다. "한국에서 조기유학 붐이 일고 있다는 말은 최근 들어서 알고 있습니다. 5년 전만 해도 영국에는 한국 조기유학생이 많지 않았습니다. 영국 사립학교의 등록금이 미국이나 캐나다 등에 비해 상대적으로 비싸기 때문이죠. 하지만

✤ 1611년에 설립된 차터하우스 스쿨. 고풍스러운 캠퍼스에서는 전통의 향기가 물씬 풍긴다.

비싼 만큼 학생들에게 미래를 보장해 줍니다. 학비는 대부분 학업의 질을 향상시키기 위해 학교 시설과 학생들에게 투자하니까요."

인터뷰가 진행된 교장실은 33평이 채 안 되는 작은 방이었다. 우리나라 학교들의 교장실보다 작게 느껴졌다. 커피와 과자가 나왔지만 자그만 찻상조차 없었다. 교장 선생님이나 취재진도 바닥에 내려놓고 커피를 마셨다. 손님 접대가 어찌 이 모양일까 하는 생각이 들 정도였지만 교장마저 바닥에 찻잔을 내려놓는 마당이어서 오히려 그런 분위기가 신선하게 다가왔다. 영국의 청교도정신이 과연 이런 것인가 하는 생각이 들었고, 비약일지 모르겠지만 이것이 대영제국의 자존심을 지켜가는 보이지 않는 힘이 아닐까 여겨졌다.

차터하우스 스쿨에는 세계적인 문화재를 연상시킬 정도의 고풍스

✤ 건물과 건물을 이어주는 아치형의 복도가 인상적인 차터하우스 스쿨

러운 건물들이 즐비하다. 우리 국민은 600년을 이어온 숭례문이 방화로 불타는 모습을 보면서 전통을 간직한다는 게 얼마나 어렵고 힘든 일인지를 새삼 실감했다. 그런 점에서 영국은 런던을 비롯한 전역이 거대한 전통이 살아 숨 쉬는 역사의 현장이라고 할 수 있다.

영국에는 수백년 전통을 자랑하는 명문학교들이 많다. 1611년에 설립된 차터하우스 스쿨 역시 400년의 역사를 간직한 명문학교로 통한다. 하지만 한국 학부모의 입장에서는 세계 최고 수준의 비싼 학비(연간 5천만~6천만 원) 탓에 자녀를 유학 보내고 싶어도 엄두를 낼 수 없는 곳이다.

영국의 사립학교들 대부분은 외국인 유학생에게 장학금을 주지 않는다. 영국은 아시아나 아프리카 국가뿐 아니라 영어권 국가에서도 학생들이 유학을 온다. 명문 사립학교에 입학하려면 2년 정도 대기해야 할 만큼 명문학교일수록 '수요 초과' 현상을 빚고 있다. 그 때문에 영국 사립학교들은 굳이 장학금을 주면서까지 유학생을 끌어들일 필요성을 느끼지 않는 것이다.

그런데 차터하우스 스쿨은 장학금 수혜의 기회를 외국 유학생에게도 열어놓고 있다. 위더리지 교장은 "학비의 4분의 1에서 전액까지 장학금을 주고 있다"고 말했다. 장학금은 아카데믹 성적뿐 아니라 음악과 미술 등 아트 분야에도 적용된다고 한다. 위더리지 교장은 홍콩 유학생들 대부분이 장학금을 받는다고 전했다. 홍콩 유학생들이 다른 아시아권 학생들보다 영어 구사력이 앞서기 때문이라고 한다.

차터하우스 스쿨은 영국과 미국, 캐나다의 글로벌 명문대 진학률이

20%에 이른다. 명문대 진학률(2005년 기준)을 보면, 영국의 웨스트민스터 스쿨이 졸업생 2명 중 1명꼴로 세계적인 명문대에 진학해 1위를 기록하고 있고, 이튼 칼리지가 29%, 해로 스쿨이 17%로 나타났다. 세계 명문학교 글로벌 랭킹 50위권에 들기 위해서는 졸업생 10% 정도가 명문대에 진학해야 한다.

최고의 인재로 키우되 이기적 엘리트는 경계한다

위더리지 교장은 차터하우스 스쿨이 지닌 첫번째 매력으로 "학생들이 높은 목표를 갖고 명문대에 진학할 수 있게 해주는 것"을 꼽았다. 차터하우스 스쿨의 재학생 대부분이 영국에서 누구나 선망하는 대학교에 진학할 수 있다고 그는 강조했다. 두번째로는 보딩스쿨의 특성상 학생들이 학교에서 음악과 아트, 스포츠 등 모든 분야에서 다양성을 추구하며 자신의 재능을 계발할 수 있는 무궁무진한 기회를 들었다. 세번째는 크리스천 스쿨로서, 도덕성과 인성을 갖추기 위한 다양한 사회봉사 활동과 커뮤니티 활동을 할 수 있다는 것이다. 종교학 과목은 필수로 공부해야 하고 채플(예배)은 일주일에 5일 동안 참석해 설교를 들어야 한다.

위더리지 교장은 "학생들이 올바르게 행동할 수 있도록 독려하고 항상 자긍심을 키워주는 교육을 한다"고 말했다. 자신이 '최고'라는 의식을 심어주되 이기적인 엘리트주의에 빠지지 않도록 인성교육을 철저하게 한다는 것이다. 그는 이른바 '엘리트'와 '엘리트주의'는 다르다면서 "최고의 엘리트를 육성하되 우월감에 빠지지 않도록 엘리트주의는 철저히 경계하는 교육을 한다"고 말했다.

보딩스쿨의 경우 학생들이 대부분의 시간을 학교에서 보내기 때문에 엄격한 교칙을 적용하는 것이 중요하다. 그렇지 않으면 학생들을 제대로 통제할 수 없다.

위더리지 교장에 따르면, 교칙의 적용은 크게 세 단계로 구분된다. 가벼운 교칙 위반의 경우, 토요일에 집에 가지 못하게 하고 잔디 깎기 등의 노동을 해야 한다. 중간 정도의 교칙, 예컨대 친구를 '따돌리는 것'과 같은 교칙 위반 시에는 학생을 집으로 돌려보내 일주일 정도 자택에서 근신하게 한다. 가장 심각한 교칙 위반일 때는 퇴학 처분을 받는다. 학교에서 마약을 하는 경우 등이 이에 해당한다. 1년에 평균 1~2명이 퇴학을 당한다고 위더리지 교장은 귀띔해 주었다.

1년 정도 적응 기간을 거쳐 명문학교에 진학하라

차터하우스 스쿨에 진학하는 학생들은 대부분 사립 초등학교인 프렙스쿨(Prep School, 정식 명칭은 Preparatory School)을 거친다. 프렙스쿨은 영국과 미국에서 각각 그 의미가 다르다. 영국에서는 13세 미만의 아동이 다니는 초등 사립학교를 프렙스쿨이라고 한다. 하지만 미국에서는 차터하우스 스쿨과 같이 일반 사립학교와 격이 다른 명문 사립고교를 지칭한다. 대학에 입학하기 위한 '예비학교'라는 의미로 프렙스쿨이라고도 불린다.

지난해 9월부터 차터하우스 스쿨에 다니고 있는 김준엽 군은 한국에서 고교 1학년 1학기를 다니다가 유학을 왔다. 이 학교에 오기 전 1년 동안 베드포드 스쿨(Bedford School)에 다니면서 영국 적응 기간을 거쳤다고 한다. 그 뒤 그 학교보다 더 명문으로 통하는 차터하우스 스쿨로 전학한 것이다. 곧바로 명문학교에 진학하기보다 김군과 같이 단계적인 진학을 하게 되면 명문학교에 적응하는 데 큰 도움이 된다.

런던유학닷컴의 서동성 대표는 "영국에 유학 갈 경우 처음부터 명문학교를 지원하기보다는 입학 경쟁이 덜한 학교에서 1~2년 동안 영어 수업 적응 기간을 거치는 게 바람직하다"고 강조한다. 이는 미국이나 오스트레일리아, 캐나다 등의 조기유학도 마찬가지다. 김군의 경우

❋ 차터하우스 스쿨에 재학중인 김준엽 군(왼쪽)과 민수홍 군

가 바로 단계적인 유학 적응 코스를 거친 셈이다. 김군은 "차터하우스 스쿨에 온 지 두 달도 안 됐지만 공부나 운동 등에 적극적으로 임해 별 어려움이 없다"고 말했다.

대다수 명문학교에서는 아시아권에서 유학 온 학생들이 국가별로 무리 지어 다니는 것을 우려해 입학 인원을 제한하고 있다. 차터하우스 스쿨에는 아시아 유학생 가운데 홍콩 유학생이 45명으로 가장 많아 학교 측에서도 신경을 곤두세우고 있다. 이들이 무리 지어 다녀 '홍콩 소사이어티(Hongkong Society)'라는 말이 회자될 정도라고 한다. 차터하우스 스쿨에 재학중인 한국인 학생은 극소수에 불과하다. 위더리지 교장은 "한국인 학생은 대개 영어 능력이 부족해 20명 정도 지원하면 1~2명이 합격할 정도"라고 말해 주었다.

차터하우스 스쿨은 중·고등학교(남녀공학)로 90%가 영국 학생들이고 나머지 10%(70여 명 정도)가 유학생들이다. 위더리지 교장은 되도록 유학생 수를 10% 선으로 유지하려는 게 학교 방침이라고 말했다. 영국 학부모들이 유학생 비율이 많은 것을 원치 않기 때문이기도 하다. 전체 학생 수는 750명이고, 그중 대학 진학반인 '식스 포머(Sixth Former)'들이 350명(100명가량은 여학생) 정도 된다. 교사와 학생 비율은 1대 8이고 학급당 인원은 15명이다. 또한 등록금은 기숙사비를 포함해 연간 5천 5백만 원(1년 3학기제) 선이다.

차터하우스와 같은 영국의 명문 보딩스쿨은 대부분 교외의 전원 지역에 대규모의 캠퍼스를 갖고 있다. 명문 보딩스쿨 그 자체가 영국이 세계적으로 경쟁력을 지니는 문화유산인 셈이다. 영국이 국가 브랜드

파워 지수에서 미국에 이어 2위의 자리를 지키고 있는 것도 이런 문화 유산 덕분이 아닐까. 잘 알려져 있다시피 영국은 제조업이 붕괴되어 공장이 사라져가고 있다. 영국의 명품 브랜드인 '버버리'의 경우도 자국 내에 공장이 없으며, 몇 년 전에 마지막 남은 공장마저 중국으로 옮겨 갔다.

아름답게 기억할 전통과 역사를 가지고 있다는 것은 그 자체로 경쟁력이 될 수 있다. 인재를 양성하는 학교가 그러한 전통과 역사를 지녔다면 그것은 국가적인 자산이 아닐 수 없다. 전통이 있고 인재 배출에서 경쟁력을 지닌 캠퍼스가 많으면 많을수록 그 나라는 더 많은 경쟁력을 갖게 되고 지속적으로 인재를 키워낼 수 있다.

세계 명문학교의 핵심 공부법 6
… '최고'라는 자부심을 갖되 '속물'은 되지 마라

미국, 영국, 오스트레일리아, 캐나다뿐만 아니라 인도와 중국, 동남아시아 등 어디를 가도 한국인 조기유학생들로 만원이다. 1~2년의 단기 유학생이 있는가 하면 초등학교 고학년부터 조기유학을 와서 대학까지 염두에 두고 공부하는 학생도 많다. 문제는 어린 조기유학생들이 부모의 품을 벗어나 이국에서 홀로 지내는 시간이 너무 길다는 데 있다. 많은 학생이 스포츠와 공부, 취미, 이성 교제 등을 통해 유학 생활을 성공적으로 해내고 있지만 그렇지 못한 학생도 많다.

청소년기에 혼자 유학 생활을 하며 가족과 떨어져 지낸다는 것만으로도 정서적 공황 상태에 빠질 수 있다. 조기유학중인 많은 학생들이 불안한 심리 상태를 보이는 것도 이 때문이다. 조기유학생이 이성을 사귀고 공부 이외의 것들에 몰두하는 데에는 심리적인 불안감과 외로움이 큰 요인으로 작용한다. 그러다 이것이 정도를 넘어서면 무분별한 섹스에 빠지고 술과 담배, 심지어 마약에까지 탐닉하게 되어, 극단적으로는 유학 생활 자체가 심각한 상황으로 곤두박질칠 수 있다.

유학 생활에서 가장 경계해야 할 것이 바로 학교 생활에 흥미를 잃고

방탕한 생활에 빠져드는 것이다. 연애와 섹스, 술과 담배에 몰두하다 보면 학교 생활에는 자연히 소홀해질 수밖에 없다. 그러다 보면 자신의 관심 밖으로 벗어난 학교 교칙을 지킬 리 만무해지고 학교 밖으로의 일탈을 시도하게 된다. 이렇게 학생의 신분을 망각하게 되면 끝내 자신을 통제할 수 없는 상황으로 치닫게 될 수도 있다.

그 때문에 세계의 명문학교일수록 교칙을 엄격히 적용한다. 지식과 함께 도덕성과 인성을 갖춘 최고의 엘리트를 배출하기 위해서다. 차터하우스 스쿨 역시 예외는 아니다. 차터하우스 스쿨의 경우, 교칙을 어기면 단계적으로 처벌 수위를 높이고 그래도 어길 경우 가차 없이 퇴교 조치를 한다. 반면 명문학교 순위에서 멀어질수록 교칙을 느슨하게 적용하는 학교들이 많다. 명문학교의 경우 입학 지원자들이 언제든 대기중이지만, 비명문학교들의 경우는 재학생을 퇴교시키면 그만큼 당장 재정적으로 손해를 입기 때문이다.

여기서 엄격한 교칙이나 처벌보다 더 중요한 것은 바로 엘리트로서의 자부심과 자긍심을 심어주는 것이다. 최고라는 자부심, 핵심 인재라는 자긍심이야말로 학생 스스로 자신을 더욱 엄격하게 단련하고 수련하게 하는 데 큰 위력을 발휘한다. 자긍심 있는 학생이라면 함부로 행동하지 않는다. 명문가의 후손일수록 가문의 자긍심을 훼손시키지 않기 위해 더욱 분발해 큰 인물이 되려고 노력하는 것과 같은 이치다.

명문학교가 명문학교일 수밖에 없는 데에는 학생들에게 자긍심을 키워주는 교육 또한 한 역할을 한다. 자긍심은 오랜 전통을 가진 명문학교들이 누릴 수 있는 전유물인 것이다. 위풍당당한 전통에는 누구든지 고개를 숙이게 만드는 힘과 권위가 있다.

 자긍심을 강조하는 명문학교들은 자연스럽게 사회에 해악을 끼치는 '속물 인재'를 경계한다. 명문학교의 학생들은 서로 경쟁하는 동시에 격려해 가면서 함께 최고의 인재가 될 수 있도록 이끌어준다. 친구를 제치고 나 혼자만 잘되어야겠다는 생각보다 동료와 함께 더불어 잘되어야겠다는 생각을 앞세운다.

 하지만 우리나라의 경우 명문대에 들어가기 위해선 친구든 그 누구든 눌러 이겨야 한다고 생각하는 학생들이 많다고 한다. 그럴 경우 개인적으로는 성공할 수 있을지 몰라도 국가적으로는 큰 손해가 아닐 수 없다. 이기적인 '엘리트주의'를 경계하지 않으면 안 되는 이유가 바로 여기에 있다. 그래서 명문학교일수록 학생들이 올바르게 행동할 수 있도록 독려하고 자긍심을 키워주는 교육을 한다. 자신이 '최고'라는 의식을 갖게 하되 이기적인 엘리트주의에 빠지지 않도록 인성교육 또한 철저하게 시키는 것이다.

『더 타임즈』가 선정한 영국의 사립학교 톱 100

순위	학교
1	Sevenoaks
2	Hockerill Anglo European College
3	King's College School (남)
4	North London Collegiate (여)
5	Eton College (남)
6	Westminster School
7	Wycombe Abbey School (여)
8	James Allen's Girls' School (여)
9	Queen Elizabeths School (남)
10	Whitgift (남)
11	Park School for Girls Ilford (여)
12	Colchester Royal Grammar School
13	Malvern
14	St Paul's Girls' School (여)
15	St Paul's School (남)
16	Perse School (여)
17	The Cheltenham Ladies' College (여)
18	Harrow School (여)
19	Oxford High School
20	Dr Challoners Grammar School (남)
21	The Godolphin and Latymer (여)
22	Badminton School (여)
23	Kendrick Girls Grammar School (여)
24	Manchester High School (여)
25	St Mary's School Ascot (여)
26	St Mary's School Cambridge (여)
27	Trinity Catholic High School
28	Colyton Grammar School Devon
29	Lancing College
30	Caistor Grammar School
31	Abingdon School

32	Magdalen College School (남)
33	City of London School (남)
34	Radley College (남)
35	Altrincham Grammar School (여)
36	Marymount
37	Tonbridge School (남)
38	Concord College
39	Adcote School (여)
40	Putney High School (여)
41	Haberdashers' Aske's School (여)
42	Guildford High School (여)
43	City of London School (여)
44	St Olaves and St Saviours Grammar School
45	Southbank International School
46	Roedean School (여)
47	Tonbridge Grammar School
48	King Edward VI High School (여)
49	Headington School
50	Woldingham School (여)
51	Withington Girls' School (여)
52	St Swithun's School (여)
53	Guiseley School Leeds
54	St. Helen's School (여)
55	Charterhouse School
56	Rugby School
57	Oakham School
58	Merchant Taylors' School (남)
59	Haileybury
60	Manchester Grammar School (남)
61	Channing School (여)
62	Tiffin School Kingston (남)
63	St Catherine's School (여)
64	Downe House (여)
65	Newstead Wood School (여)
66	Chelmsford County High School (여)

67	Latymer Upper School
68	Oundle School
69	Hampton School (남)
70	The Tiffin Girls School Kingston (여)
71	Farnborough Hill (여)
72	The Queen's School (여)
73	The Perse School
74	Warwick School (남)
75	Royal Grammar School Guildford (남)
76	Bedford School
77	Dartford Grammar School (여)
78	Croydon High School GDST (여)
79	The School of St Helen and St Katharine (여)
80	Wilsons School (남)
81	King's School Canterbury
82	The Haberdashers' Aske's Boys' School (남)
83	Bradford Grammar School
84	Marlborough College
85	Leeds Grammar School (남)
86	Dulwich College (남)
87	Norwich School
88	Repton School
89	St Mary's School Calne (여)
90	Wallington County Grammar School (남)
91	South Hampstead High School (여)
92	Alleyn's School
93	Bancroft's School
94	Wimbledon High School (여)
95	Trinity School Croydon (남)
96	Dean Close School
97	Leeds Girls' High School
98	The Henrietta Barnett School (여)
99	Benenden School (여)
100	Worth School (남)

* 100위 안에는 데이스쿨도 일부 있음.
* (남) : 남학교, (여) : 여학교, 표시 안 된 곳은 남녀공학
* 「더 타임즈」 선정, 2007년 A-Level(영국 대입 자격시험) 기준

Ⅲ
캐나다 편

⋮

트리니티 칼리지 스쿨

애플비 칼리지

|세계의 명문학교 7|

트리니티 칼리지 스쿨
Trinity College School

개성 있는 인재가 세상을 바꾼다

❖ 세계 명문학교의 핵심 공부법 7
… 자신만의 숨은 재능을 찾아 가꿔라

방과후 과외 활동으로 꿈을 키운다

"제 꿈은 영화감독입니다. 한국에서 학교에 다닐 때는 그냥 막연한 꿈에 머물러 있었죠. '준비하면 언젠가 나도 영화감독이 될 수 있을 거야'라는 생각에서 더 나아갈 수가 없었어요. 고등학교에 다니면서 영화를 찍는다는 것 자체가 한국에서는 한마디로 말도 안 되는 이야기죠. 게다가 학교에서 카메라 같은 기자재를 제공할 리 만무하고 그렇다고 제가 비싼 기자재를 마련한다는 것도 어렵고요. 장래 희망이 영화감독이어도 아무런 준비를 할 수 없었어요. 그런데 캐나다에 와서 새로운 희망이 솟았습니다. 제가 학교에 캠코더 구입을 건의하니까 값비싼 장비를 구입해 주었어요. 방과후 과외 활동 시간에 학교 장비로 영화를 직접 찍으면서 영화감독의 꿈을 키워가고 있습니다. 한마디로 즐거운 인생이죠."

캐나다에서 유학중인 최원석 군(10학년)의 말이다. 그야말로 한국 학생들에게는 꿈같은 이야기가 아닐 수 없다. 최군이 다니는 트리니티 칼리지 스쿨(Trinity College School, TCS)은 토론토에서 동쪽으로 100킬로미터 떨어진 포트호프 시에 있다. 이 학교는 1865년에 설립된 전통 있는 사립학교로, 온타리오 호숫가의 12만여 평(100에이커)에 이르는 부지에 캠퍼스가 자리하고 있다. 우리나라 고등학교에 해당하는 9~12학년이 500명이고 그중 60%가 기숙사에서 생활한다. 학생과 교사의 비율은 8대 1, 학급당 인원은 16명이다. 주니어스쿨(5~8학년)에는 통학생(데이 스쿨) 100명이 재학중이다.

트리니티 칼리지 스쿨은 학생들의 성적과 학교 생활을 관리하는 어드바이저 프로그램(Advisor Program)을 갖추고 있다. 스포츠, 음악, 미

✿ 스쿨투어를 맡은 홍혜인 양(11학년), 중3을 마치고 유학 온 최기웅 군(11학년), 중국 상하이에서 재유학을 온 최원석 군(10학년)

술, 학업 등의 모든 분야에서 균형을 이루어 학생 개개인이 자신의 적성에 맞게 발전할 수 있게 하기 위함이다. 대부분의 학생이 대학에 진학하고 미국 명문대학의 진학률도 10% 정도에 이른다. 총 재학생은 600여 명이고, 이중 30%가 35개국에서 온 외국인 학생들이며 한국 학생은 25명이다.

음악, 미술 등 아트 분야 최고의 시설을 갖추다

TCS의 가장 큰 매력은 무엇보다 학생들이 각자의 재능을 계발할 수 있도록 최대한의 지원을 아끼지 않는다는 것이다. 특히 방과후 커뮤니티 활동은 학생들이 학업에서 받는 스트레스를 마음껏 풀면서 자신의 꿈을 키워갈 수 있도록 도와준다.

최원석 군이 한국에서는 생각에만 그쳤던 영화감독의 꿈을 키워가고 있는 것도 커뮤니티 활동 덕분이다. 최군은 지난해 인간의 야수성을 고발하는 실험 영화 「더 비스트 *The Beast*」를 만들어 교내 청소년영화제에 출품해 학생들의 큰 호평과 함께 '특수효과상'을 받았다. 평소 특수효과에 관심이 많았던 최군은 봉준호 감독의 영화 「괴물」을 보고 「더 비스트」를 만들었다고 한다. 올해는 조기유학을 와서 느끼는 어려움을 몽상적인 이야기와 특수효과를 이용해 영화로 만들 계획이라고 한다. 최군은 "조기유학을 오면 처음에는 모두들 적응하는 데 어려움을 겪는다"면서 "상상의 세계는 조기유학생의 고뇌를 잊게 하는 마법과 같은 역할을 한다"고 말한다.

　최군은 초등학교를 졸업한 뒤, 중국에서 사업을 하던 아버지를 따라 상하이로 조기유학을 갔다. 그곳에서 국제학교에 다니다가 2년 전 캐나다로 유학을 왔다. 막상 중국에 유학을 갔지만 중국어도 제대로 배우지 못하는 등 교육 환경에 실망해 다시 캐나다로 온 것이다. 중국 조기유학생들의 경우 중국의 교육 현실에 실망해 캐나다 등의 영어권 국가로 '재유학'하는 경우가 최근 들어 부쩍 많아지고 있다. 중국에 한국인 조기유학생이 쇄도해 많은 부작용을 낳고 있기 때문이다.

　현재 우리나라 학부모들이 가장 많이 조기유학을 보내는 곳이 바로 중국이다. 그런데 중국 학교는 외국인과 중국인을 분리해 '국제반'을 만들어 한국 학생끼리 수업을 받게 한다. 한국 유학생들은 중국인 학생들과 한 교실에서 공부할 수 없다. 게다가 한국 유학생이 100명이 넘는 학교들이 대부분이어서 한국 학생들끼리 한 반에 배정되고, 교사도 한국인이어서 영어와 수학 수업을 한국어로 공부한다. 학생들은 중국 친구를 사귀기도 힘들다. 그러다 보니 중국어조차 제대로 못하는 학생들이 많은 실정이다.

　한국 학부모들은 아직도 중국어 하나만 잘하면 먹고사는 데 지장이 없다고 생각하는 경향이 있다. 그러나 이는 국제적인 추세를 모르고 하는 말이다. 중국뿐만 아니라 모든 나라에서 핵심 인재들에게 요구하는 기본 언어는 영어다. 그다음이 제2외국어다. 중국어는 제2외국어일 뿐이다. 중국 기업이나 한국 기업이 선호하는 인재는 중국어만 잘하는 인재가 결코 아니다. 능통한 영어 실력은 기본이고, 그다음으로 필요

❖ 140여 년의 전통을 가진 학교답게 담쟁이넝쿨이 학교 건물을 뒤덮고 있다.

한 것이 중국어인 셈이다.

미국의 CEO들에게는 자녀를 중국에 유학 보내는 것이 자녀를 위한 가장 큰 선물이라고 한다. 미국 학생들이야 영어가 모국어이니 중국어만 잘하면 어디서든 대우받을 수 있다. 하지만 한국 학생들로서는 영어는 모르는 채 한국어와 중국어 실력만 가지고는 취직할 만한 곳이 많지 않다. 대학 졸업 후 중국과 비즈니스를 할 계획이라면 모를까.

전문가들이 중국 유학을 보내거나 떠나려는 학부모와 학생에게, 무작정 중국어 배우는 것만 생각하지 말고 보다 뚜렷한 목표나 방향을 세우라고 당부하는 것도 이 때문이다. 왜 유학을 가고, 무엇을 목표로 할 것인지를 뚜렷하게 정해야 한다는 것이다. 예컨대 조기유학이 끝난 뒤에 귀국하여 국내에서 고등학교나 대학교를 다닐지, 아니면 미국 등지로 대학을 진학할지도 미리 결정해야 한다.

캐나다의 경우, 영어권 국가 가운데 영국식 사립학교의 전통을 잇는 기숙사형 사립학교가 비교적 잘 운영되고 있다. 그뿐 아니라 미국이나 영국에 비해 학비도 약간 저렴한 편이어서 한국인 조기유학생들이 선호하는 국가 중 하나로 자리매김하고 있다.

최원석 군도 처음에는 영어가 제대로 안 돼 초기에 많은 어려움을 겪었다고 한다. TCS의 학생들은 거의 대부분이 부잣집 출신으로 생활수준도 지적 수준도 높은 데다, 학생들에 대한 학교의 기대치가 중국과 달리 높았다. 그럴수록 최군은 학교 생활에 적응하기 힘들었고 스트레스만 쌓여갔다.

이때 최군은 '상상의 세계'로 들어가 마음을 달래면서 영화에 빠져들었다. '현실의 세계'에서 자신이 겪는 어려움을 시나리오를 통해 표현해 내면서 한층 여유가 생겨났다. 그러자 최군은 내친김에 영화 커뮤니티 활동을 하기로 결심했다. 그런데 그가 찾은 영화 커뮤니티는 한마디로 실망스러웠다. 영화 제작 등 다양한 활동을 하게 될 줄 알았는데 막상 찾아가 보니 영화 관람이 고작이었다. 최군은 담당 교사에게 영화를 직접 촬영해 보고 싶다면서 캠코더 등의 장비를 구입해 줄 것을 요청했다. 학교 측은 최군의 요청을 받아들여 〈VJ 특공대〉에서 사용하는 캠코더와 기본적인 장비를 갖춰주었다. 신이 난 최군은 시나리오를 완성해 촬영에 들어갔다.

"지난해에는 도와주는 학생들이 없어 제작을 혼자서 했습니다. 올해에는 지난해에 제가 상을 받아서인지 도와주려는 외국인 학생들도 생겨났어요. 올해에는 조기유학생이 겪는 어려움을 상상의 세계로 연출해 볼 생각입니다. 시나리오는 이미 마무리했습니다."

최군의 경우 성공적인 조기유학을 하고 있다고 봐도 무방할 것이다. 그는 한국에서는 생각으로 그칠 수밖에 없었던 영화감독 수업을 학교 측의 지원으로 '조기'에 받고 있다. 안타깝게도 한국에서는 꿈도 꿀 수 없는 일이다.

학생들의 재능 찾기에 지원을 아끼지 않는 학교

학생들이 재능을 스스로 찾아 키울 수 있도록 지원하는 커뮤니티 활동은 TCS의 가장 큰 장점으로 꼽힌다. TCS는 음악과 미술 등의 아트 분야에서 최고의 시설을 자랑한다. 이 분야로 전공을 택해 미국 등지로 대학에 진학하는 학생도 많다. 한국 유학생 가운데 이준호 씨는 음악과 미술에 재능을 보여 UC버클리에 장학생으로 들어갔고, 김수민 씨는 지난 9월 파슨즈 디자인 스쿨(Parson's School of Design)에 입학했다.

TCS의 입학 담당관 아드리엔 로스 씨는 "학생들은 재학중에 한 가지씩 재능을 키워나가기 때문에 성적에만 매달리

✤ 학생들의 존경을 한몸에 받고 있는 미술교사가 수업중인데도 사진 촬영에 기꺼이 응했다. 마치 영화 〈죽은 시인의 사회〉에 나오는 키팅 신생(로빈 윌리엄스 분)을 닮은 듯하다.

지 않고도 대학에 진학할 수 있다"면서 "우수한 학업 성적으로 미국 등지의 유명 대학에 입학하는 학생들도 있지만 미술이나 음악, 스포츠 방면에서 소질을 키워 예체능계 유명 대학에 진학하는 학생도 많다"고 강조했다. 학생들이 하고자 하는 의욕만 있으면 누구든지 자신의 숨은 재능을 계발해 그 분야의 전문가로 우뚝 설 수 있도록 학교 측에서 최대한 지원을 아끼지 않는다는 것이다. 인성교육이 지식교육과 함께 공교육의 두 축임을 TCS는 보여주고 있다.

TCS에 재학중인 한국 학생들 대부분은 음주와 흡연을 하지 않는다고 한다. 대다수 한국 유학생들의 흡연 때문에 학교 당국이 골치를 앓고 있는 인도와 중국 등의 학교들과는 사뭇 대조적이다. 물론 캐나다에 유학 온 학생들이 모두 음주와 흡연을 하지 않는다는 얘기는 아니

❋ TCS는 특히 음악이나 미술 등에 지원을 아끼지 않는 학교로 알려져 있다.

다. 캐나다 역시 토론토 시내에 조기유학생들의 수가 늘어나면서 음주와 흡연 등으로 교포사회의 고민이 깊어지고 있다고 한다. 이는 그만큼 한국 조기유학생들이 많은 스트레스를 받고 있다는 반증일 수도 있다.

한국 학부모들은 조기유학의 이유를 한국의 '학교 탓'으로 돌리는 경향이 심하다. 한국에서는 공부해야 할 과목이 너무 많다고 하소연한다. 그렇지만 교육선진국의 명문 사립학교의 경우 오히려 한국보다 과제가 더 많은 것이 현실이다. TCS의 경우 역시 성적뿐 아니라 재능과 리더십 등을 중시하는 학교임에도 학생들은 과제물에 큰 부담을 안고 있었다.

방과후 활동도 공부만큼 열심히 하라

3년 전 유학을 온 최기웅 군(11학년)은 "스스로 공부해야 할 숙제도 한국 고등학교에 비해 훨씬 더 많다"고 잘라 말한다. "공부하는 과목은 한국처럼 강제적이지 않고 스스로 과목을 결정하는 자율적인 시스템입니다. 하지만 방과후에 스스로 공부하지 않으면 따라갈 수 없을 정도로 학습 부담이 많은 편이죠. 공부뿐 아니라 방과후 커뮤니티 활동도 한국 유학생들에게는 큰 부담이 됩니다."

한국에서는 공부만 잘하면 그만이지만 이곳에서는 방과후 활동을 하지 않으면 안 된다. 1년 동안 스포츠 세 종목을 해야 하는 최군은 지난 토요일에도 6시간이나 떨어진 다른 학교에 가서 축구 시합을 하고 왔다고 했다. 스포츠 시합은 주로 다른 학교와 벌이는데 토요일에 열리기 때문에 개인적으로 활용할 여가 시간도 거의 없다. 봉사 활동도 스스로 알아서 하지 않으면 안 된다.

사정이 이렇다 보니 유학생들은 뒤처지지 않기 위해 열심히 노력하는 학생과 영어가 안 돼 공부나 방과후 활동을 아예 손에서 놔버리는 학생의 두 부류로 구분된다. 간단히 말해서 공부하는 쪽과 노는 쪽으로 갈리는 것이다. 노는 쪽 학생들은 술과 담배에 빠져들고 유학생들과 교포사회의 이미지에 먹칠을 한다. 사회의 모든 면이 그렇듯이 조기유학도 빛과 어둠이 확연하게 나뉘는 것이다.

따라서 유학을 떠나기 전에 해당 국가의 언어를 익히는 등 철저히 준비하고, 가능하면 기숙사가 잘 갖춰진 명문 사립학교에 들어가는 것이 중요하다. 명문 보딩스쿨일수록 학교의 위신이 걸려 있어 학생들에 대한 지원과 관리가 체계적으로 이루어질 수밖에 없기 때문이다.

다양한 포상제도를 도입한 리더십 훈련

TCS의 젊은 교장인 스튜어트 그레인거 씨(44세)는 한국 학생들에게 공부 이외에 방과후 활동에도 더 적극적으로 참여할 것을 주문했다. "TCS에서 학생을 선발할 때는 성적뿐 아니라 무엇을 하고자 하는지, 재능을 가꿀 의욕이 있는지를 중시합니다. 성적이 최고가 아니어도 다른 분야에 대한 욕구가 강하면 다른 꿈을 이룰 수 있으니까요." 그가 강조하기를 "학생들이 공부뿐 아니라 다른 재능으로도 대학에 진학하거나 전문가로 성장할 수 있도록 개인별 맞춤형 재능교육을 강화하고 있다"고 말했다. 이 학교가 최고 시설의 음악실을 갖추고 있는 것도 이러한 방침을 잘 보여준다. 반드시 명문대가 아니어도 자신의 재능을 살릴 수 있는 분야로 진학하거나 길을 찾아갈 수 있도록 교육하는 것이다.

그레인거 교장을 인터뷰하러 교장실을 찾아갔을 때 그는 막 강의를 끝낸 참이었다. 그는 AP 코스 학생들에게 경제학을 강의하고 있다고 말했다. 'AP 코스'는 명문 사립학교 등에서 시행하는 것으로 대학에서 배우는 과목을 선행 이수하는 제도인데, AP 코스가 개설되었느냐의 여부가 명문학교의 평가 기준이 되기도 한다. TCS에서는 경제학 등 13개 과목을 개설하고 있다. 미국 등의 명문대학에서는 우수 학생을 유치하고 여기에 변별력을 높이기 위해 AP 코스를 활용한다.

TCS에서는 학생 스스로 리더십을 쌓을 수 있는 다양한 프로그램을 운영하고 있다. 이는 다양한 교내외 봉사 활동과 연계되는데, 학생이 교내를 안내하는 '스쿨투어'도 그중 하나다. 필자가 TCS를 방문했을 때 입학 담당관은 한국인 학생 홍혜인 양(11학년)을 스쿨투어 가이드로 소개해 주었다. 장래 희망이 파티플래너 혹은 국제회의 기획자라고 소개한 홍양은 1시간여에 걸친 스쿨투어를 자세한 설명을 곁들여 능숙하게 이끌어나갔다.

스쿨투어 가이드는 커뮤니티 회원 가운데 원하는 사람은 누구나 지원할 수 있는데, 이 역시 학생 사신의 리더십 포지션을 강화하는 데 도

✤ 학생들이 노트북을 이용해 수업을 듣고 있다.

움이 된다. 학생은 다양한 활동을 통해 얻은 점수로 리더십 포지션을 구축할 수 있다. 비단 봉사 활동뿐 아니라 1년에 3개 종목을 해야 하는 스포츠 활동을 통해서도 자신의 리더십 포지션을 강화할 수 있다.

그레인저 교장은 "학생들의 리더십 훈련을 위해 다양한 포상제도를 도입하고 있다"고 소개했다. 바로 교복과 함께 목에 매는 '타이'가 TCS만의 독특한 포상 방식이다. 학업 성적뿐 아니라 스포츠, 아트, 뮤직, 재즈, 댄싱 등 각 분야에서 좋은 성적을 거둔 학생에게 색깔별로 35종류의 타이를 증정하는 것이다. 학생들은 똑같은 디자인의 교복을 입지만 착용하는 타이가 서로 다르고, 이를 통해 그 학생의 리더십 포지션을 구별할 수 있다고 한다.

이 제도는 개인별 재능을 키워주려는 TCS 방침의 일환이다. 이러한 지원 정책은 학생들의 리더십 교육에도 큰 효과를 나타내고 있다. 명문 사립학교일수록 리더십 교육에 큰 비중을 두고 있는데, 그 때문에 학생들은 공부뿐 아니라 리더십 훈련도 소홀히 할 수 없다. 공부만 파고드는 학생보다 지식과 인성, 리더십으로 무장한 이들이 글로벌 인재로 각광받을 수밖에 없기 때문이다.

한국 유학생에 대한 평가를 묻자, 그레인거 교장은 "교과목 공부는 잘하는 반면 그 외 부문에 참여하는 것에는 다소 소극적인 것 같다"고 말했다. 특히 다른 학생들 앞에 나서는 것에 소극적이라고 했다. "목표를 이루는 데는 공부를 통하는 방법도 있고, 사람을 통하는 방법도 있다. 목표에 이르는 길은 다양하다"면서 "한국 학생들은 공부 이외의 다른 방법은 잘 모를뿐더러 또 시도해 보려고 하지도 않는 경향이 있다"고 지적했다.

"한국의 교육열로 인해 한국 학생들 대부분이 미국의 명문대에 진학해야 성공한다는 강박관념을 가지고 있는 것 같아 안타깝습니다. 성공에 이르기 위해서는 공부뿐 아니라 자신만의 재능을 찾아 갈고 닦는 것으로도 충분합니다. 그런데도 한국 학생들은 지식 엘리트가 전부라고 생각하는 경향이 강한 것 같아요. 미래에는 지식뿐 아니라 인성 엘리트가 더 각광받는다고 생각합니다." 그레인거 교장은 한국 학생과 학부모 들의 현주소를 정확히 진단하고 있었다. 무엇보다 한국 학생들은 다른 나라 학생들보다 명문대만 요구하는 부모에게서 느끼는 압박감이 상대적으로 심하다고 지적했다.

그레인거 교장은 "고교 시절에는 아카데믹 포커스도 중요하지만 다른 것도 함께 성취해 나가는 것이 더 중요하다"면서 "TCS가 재능과 리더십 훈련을 중시하는 것은 '개성 있는 인재'만이 미래의 글로벌 사회에 필요한 인재라고 확신하기 때문"이라고 강조했다. 한국 학부모들이 특히 새겨들어야 할 대목이 이일까 싶다.

세계 명문학교의 핵심 공부법 7
··· 자신만의 숨은 재능을 찾아 가꿔라

자신의 숨은 재능을 찾아 큰 업적을 남긴 대표적인 사람을 꼽는다면, '진화론'으로 세계를 깜짝 놀라게 한 생물학자 찰스 다윈(1809~1882)을 들 수 있다. 다윈의 집안은 대대로 의사를 배출해 왔다. 그의 할아버지인 에라스무스 다윈은 의사이자 과학자, 발명가, 시인으로 명성이 높았다. 특히 에라스무스는 식물뿐만 아니라 동물 생태에 대한 방대한 내용을 담은 『주노미아』를 썼는데, 당시 영국과 미국 등에서 베스트셀러로 인기를 얻었다. 에라스무스는 이 책에서 처음으로 진화론으로 발전될 만한 이론을 제시했다. 나중에 손자인 찰스 다윈이 진화론을 연구하게 된 계기도 할아버지가 쓴 『주노미아』를 보고 자극을 받았기 때문이라고 한다.

다윈의 아버지 로버트 다윈은 당대 의사로서 명성이 높았고 재테크에 뛰어나 막대한 부를 축적하기도 했다. 로버트는 가난한 환자들에게는 돈을 받지 않고 진료해 주었다. 어느 날, 의사인 아버지 로버트는 열여섯 살 난 아들 찰스가 의사라는 직업에 얼마나 재능이 있는지 시험해 보기로 했다. 그러고는 왕진을 따라나선 찰스에게 아버지는 환자 몇 명을 맡겨보았다. 찰스는 어릴 때부터 아버지를 따라 환자들을 봐와서인지 환자를 다루는 방식이 비범했다. 아버지는 찰스가 의학에 소질이 있다고 생각해 아들을 훌륭한 의사로 만들어야겠다는 결심을 하게 된다. 찰스의 형도 이미 의사 시험을 준비하고 있었다. 찰스는 아버지의 결정이 자신에게 적합한지 확신이 들지는 않았지만 일단 아버지의 권유에 따라 에든버러 대학 의학과에 진학했다.

하지만 의대에 진학한 찰스는 아버지의 기대와 달리 의학 공부에 매력을 느끼지 못했다. 의학 공부는 제쳐두고 그는 여행을 하거나 자연학 관련 책들을 읽는 데 빠져들었다. 다윈은 의대 2학년이 되어서도 공부는 하지 않고 책을 읽으면서 자연사에 대한 관심을 계속 키워나갔다. 또 자연사 연구에 심취한 학생들의 학회 모임에도 적극적으로 참여해 활동했다.

그런 아들을 바라보는 아버지의 고민은 깊어져만 갔다. 결국 아버지는 아들에게 의학을 포기하고 목사가 될 것을 권유했다. 아버지의 생각으로는 당시 곤충을 수집하는 목사들이 많았기 때문에 자연사에 관심이 많은 찰스의 적성을 살리면서 직업인으로 살기에는 목사가 안성맞춤이라고 생각한 것이다. 자연학자로서는 생계를 유지하기 힘들었기 때문에 목사가 되면 생계도 꾸릴 수 있고 좋아하는 자연사를 연구할 수도 있다며 조언해 주었다. 찰스는 아버지의 뜻을 받아들여 19세에 의과대를 그만두고 케임브리지 대학 신학과에 다시 들어갔다.

결국 찰스 다윈은 자신이 좋아하는 자연사 연구에 평생을 바쳐, 마침내 '진화론'을 세상에 내놓을 수 있었다. 다윈이 자신의 적성을 찾아 방황하지 않고 의사의 길을 걸어갔다면 세상을 뒤흔든 진화론은 결코 빛을 보지 못했을 것이다.

자신의 숨은 재능을 찾는 일은 결코 쉽지 않다. 그렇지만 하기 싫은 일을 평생 하는 것보다는 시간이 조금 걸리더라도 자신의 재능과 적성에 맞는 일을 찾아서 열정적으로 일할 수 있다면 그게 정신적으로도 훨씬 풍요로운 삶이 될 것이다. 찰스 다윈에게서 얻을 수 있는 교훈은 바로 자신이 좋아하는 분야에 모든 열정을 바치라는 것이다. 예컨대 우리나라 청소년들이 의과 대학을 선호하듯이 경제적으로 여유 있는 삶이 보장되는 것만으로 의사의 길을 택한다면 두고두고 후회하는 삶을 살 수도 있다. 이 경우 밥벌이는 하겠지만 밥벌이 이상의 의미 있는 결과를 내놓을 수는 없을 것이다.

세계의 명문학교들은 학생들이 다양한 교과 프로그램과 방과후 특별 활동을 통해 자신의 재능을 찾아갈 수 있도록 이끌어준다. 중국에서 캐나다로 재유학을 감행한 최원석 군은 다행히도 학생들의 재능을 살려주는 트리니티 칼리지 스쿨의 학교 정책 덕분에 자신의 숨은 재능을 키워갈 수 있었다. 이는 최군에게 크나큰 행운이 아닐 수 없다.

세계의 명문학교 학생들은 다양한 수업과 외국어 교육, 방과후 특별 활동 등을 통해 자신의 적성을 찾아간다. 특히 방과후 특별 활동은 학생 자신에게 숨어 있는 능력을 계발할 수 있는 다양한 기회를 제공한다.

명문학교일수록 방과후 프로그램들을 다양하게 제공하고 있다. 가령 미국의 필립스 엑시터 아카데미 같은 경우, 방과후 특별 활동 프로그램으로 각종 운동을 비롯해 재즈, 오케스트라, 사진, 영화, 댄스, IT, 철학 등 100여 가지가 넘는다. 학생들은 공부뿐만 아니라 방과후 활동을 하면서 자신의 적성을 찾아 목표를 세우고 자신이 희망하는 학과가 있는 최고의 명문대학으로 진학하는 것이다.

세계적인 명문 사립학교들은 제각기 특성을 지니고 있다. 토론을 중시하는 학교, 수학과 과학을 중시하는 학교, 인성을 중시하는 학교, 스포츠를 중시하는 학교, 아트를 중시하는 학교, 문화적 다양성을 중시하는 학교, 자유와 개성을 중시하는 학교 등으로 차이를 보인다. 예를 들어 수학을 중시해 이과 계통에 명성이 있는 학교에서 문학적 자질을 가진 학생이 공부한다면 자신의 뛰어난 면모를 드러내기 힘들다. 마찬가지로 아트에 소질이 없는 학생이 아트를 중시하는 학교에 들어간다면 자신의 잠재된 재능을 잘 살릴 수 없는 것은 자명한 일이다.

성공적인 조기유학을 위해서는 먼저 입학하고자 하는 학교에 대한 정보를 철저하게 알아내 학생의 적성과 '궁합'이 맞는지를 살펴보아야 한다. 가능하면 현지를 방문해 학교가 자녀의 적성에 맞는지, 학업 목표에 부합하는 학교인지, 방과후 활동을 제대로 지원하는지 등을 알아보고 자녀와 충분히 상의해 결정해야 한다.

| 세계의 명문학교 8 |

애플비 칼리지
Appleby College

:

아이비리그로 가는 중간 기착지

❋ 세계 명문학교의 핵심 공부법 8
… 대자연 속에서 자신을 단련하며 리더십을 키워라

토론식 수업으로 명성 높은 캐나다의 엑시터

캐나다 토론토 인근의 오크빌에 위치한 명문 사립학교인 애플비 칼리지(Appleby College)는 1911년에 설립된 사립 고등학교로, 독특한 토론식 수업으로 수많은 인재를 배출해 오고 있다. 토론식 수업은 이 학교의 트레이드마크로 통하며, 학생들은 세계 토론대회에 나가 상을 휩쓸기도 한다.

애플비 칼리지에서는 토론식 수업을 위한 타원형 탁자인 일명 '하크니스 테이블(Harkness table)'이 갖춰져 있다. 하크니스 테이블은 앞서 소개한 대로 미국의 명문 사립학교인 필립스 엑시터 아카데미에서 사용하는 토론식 수업을 위한 테이블이다.

하크니스 테이블 교육은 12명의 학생이 원형 혹은 타원형 탁자에 둘러앉아 토론식으로 수업하는 것을 말한다. 교사는 보조자나 조언자 역할에만 머물고 학생들 스스로 수업에 적극 참여해 토론하는 방식이다. 이러한 토론 수업은 학생들의 비판적 사고력과 의사표현 능력, 지적 능력을 길러주기 위한 것이다. 애플비 칼리지에서는 영어 수업 때 하크니스 테이블에 둘러앉아 토론식으로 수업을 한다. 열띤 토론을 통해 서로의 의견을 검증하고 받아들이면서 상대의 의견을 존중하고 배려하는 태도를 배우는 것이다.

학교를 소개해 주기 위해 스쿨투어 가이드로 나선 한국인 유학생 장홍주 군(12학년)과 이지원 양(9학년)은 가장 먼저 하크니스 테이블이 있는 영어 강의실로 안내했다. 검은색 타원형 테이블과 영상을 활용할 수 있는 첨단 기자재를 갖춘 10평 남짓한 작은 공간이었다. 장홍주 군은 "영어 수업은 먼저 예습을 해오고 토론식 수업을 한 후에 에세이를

스쿨투어 가이드로 나선 한국인 유학생 장홍주 군(오른쪽)과 이지원 양. 스쿨투어 가이드는 봉사 활동 점수를 받게 된다. 장홍주 군은 아이비리그의 여러 대학에 합격해 자신의 꿈을 차근차근 이뤄나가고 있다.

쓰는 순서로 진행된다"고 말했다. 장군은 "미리 예습해 오지 않으면 토론에 참여할 수 없어 꿀 먹은 벙어리로 앉아 있을 수밖에 없다"면서 "토론을 하고 에세이를 작성하면서 영어에 대한 자신감과 표현력을 크게 향상시킬 수 있다"고 말했다. 애플비 칼리지의 입학 담당 부장인 스미스 김 씨는 "하크니스 테이블 수업을 통해 비판적 사고와 문제 해결 능력 및 커뮤니케이션 기술 능력을 키우는 데 초점을 두고 있다"고 전했다.

애플비 칼리지는 토론식 수업에 필요한 커뮤니케이션 기술 및 발표 능력을 키울 수 있도록 학생들의 방과후 클럽 활동도 적극 지원하고 있다. 학생들은 60여 개에 이르는 다양한 클럽에 가입해 활동한다. 애플비 칼리지 학생들은 세계 중·고교생 토론대회인 '모델 유엔(Model UN)' 대회에 참가해 6년 연속 세계 디베이팅 챔피언이라는 영예를 거머쥐기도 했다. 스위스 제네바에서 열리는 '모델 유엔'은 지역 대회와 전국 대회를 거쳐 국제 대회에 참가할 수 있는 세계적인 대회다. 장홍주 군도 지난해에 참가해 상을 받았다고 한다. 장군은 "내성적인 성격에다 수줍음이 많았는데 클럽 활동을 열심히 하다 보니 말수도 늘고 적극적인 성격으로 변했다"고 경험담을 털어놓았다.

장홍주 군이 활동하는 클럽은 모델 유엔과 학교 방문객에게 스쿨투어를 해주는 스쿨투어 가이드를 비롯해 수학, 카운슬러, 라운드 스퀘어, 디베이팅, 밴드 등 무려 11개나 되었다. 이중 수학 클럽에서는 회장을 지내기도 했다. 스쿨투어 가이드의 경우 지원서를 내면 절반이 떨어질 정도로 학생들에게 인기 있는 활동이다.

대자연에서 리더십을 키우며 자신을 단련하라

애플비 칼리지는 토론식 수업으로도 유명하지만, 온타리오 북쪽 테마가미 호수 인근에 리더십 훈련 캠퍼스를 갖추고 있는 것으로도 이름이 높다. 여기서는 주로 극기심과 단결력 등을 배우는 체험 훈련을 한다. 애플비 칼리지가 내세우는 또다른 특별한 인성교육 프로그램이 이루어지는 곳이 바로 호수로 둘러싸인 '테마가미 캠퍼스'다. 여름방학과 겨울방학 동안 학생들은 이곳에 와서 리더십 프로그램을 체험한다. 여름방학에는 6일간 카누 여행에 참가해 심신을 수련하고 협동심과

❋ 애플비 칼리지는 7~12학년이 다니는 남녀공학 학교로 한국 학생이 50명이다. 가을비에 젖은 캠퍼스와 그 너머로 펼쳐진 드넓은 온타리오 호수가 인상적이다.

자신감을 고양하며 다른 사람을 배려하는 훈련을 받는다. 겨울방학에는 일주일 동안 캐나다의 전통 눈얼음집인 이글루를 직접 짓고 그 안에서 생활하면서 극기훈련을 받고 인내심을 배우며 아울러 환경 공부도 한다.

인성교육에서 빼놓을 수 없는 것이 바로 스포츠다. 경기를 하면서 경쟁도 하고 협동심도 키울 수 있기 때문이다. 단체 경기의 경우 이기적인 플레이는 자칫 팀을 패배로 몰아갈 수 있기 때문에 팀워크를 발휘하는 게 무엇보다 중요하다. 리더십은 이런 과정에서 자연스럽게 키울 수 있다. 사립 명문학교마다 스포츠를 공부 못지않게 중시하는 것은 바로 이 때문이다.

애플비 칼리지의 학생들은 스포츠를 통해 이기심을 버리고 협동심을 키울 수 있도록 각종 단체 운동을 필수과목으로 이수해야 한다. 애플비에서는 주요 종목으로 축구, 수영, 하키, 럭비, 아이스하키 등을 꼽는다. 아이스하키장은 우리나라 국가대표 선수들도 연습장으로 사용해 보지 못했을 법한 최고 수준의 시설을 자랑한다. 학생들은 각자 매 학기마다 자신이 하고 싶은 스포츠 종목을 선택해야 한다. 한국에서는 고3이 되면 체육 시간을 기피해 다른 주요 과목 수업으로 대체하거나 자습 시간으로 활용하지만, 외국의 사립 명문학교에서는 필수과목으로 여겨지고 있다.

최첨단 수업이 이루어지는 e-스쿨

마지막으로 애플비 칼리지가 내세우는 것은 전교생에게 노트북 컴퓨터를 제공하고 이를 수업 시간에 최첨단 기기와 접목해 활용한다는 점이다. 이른바 'e-스쿨'이다. 태블릿 컴퓨터여서 학생들에겐 노트가 따로 필요 없다. 수업을 들으면서 스크린에 그대로 필기를 할 수 있기 때문이다. 혹시 강의 시간에 졸게 되더라도 다시 강의를 들을 수 있다. 강의 내용이 동영상으로 제작되어 학생들이 필요하면 언제든지 동영상을 열어 볼 수 있기 때문이다. 또 칠판은 스마트보드여서 노트북과 동영상을 활용한 첨단 수업이 가능하다. 스마트보드는 디지털 파일로 된 정보를 컴퓨터에 전송할 수 있는 영상장치물을 말한다.

애플비 칼리지의 입학 담당 부장 스미스 김 씨는 "아카데미, 아트, 운동, 봉사 활동 등 네 분야에 걸친 특성화 교육을 통해 학생들을 평가하는데 이를 어센트 프로그램(ASCENT Program)이라고 한다"고 말했다. 이는 책상에 앉아 하는 것도 공부지만 아트, 운동, 봉사 활동 등과 같은 실용 부문도 다 같이 중시해야 하기 때문에 평가의 다양성을 위해 도입한 것이라고 강조했다.

애플비 칼리지는 17개 과목의 AP 강좌(대학 학점 선이수 제도)를 개설하고 있다. AP 과목은 미국의 명문대에 들어가기 위해 필요한 것으로 입학 사정 때 변별력의 기준이 되기도 한다. AP 과목을 이수하면 대학에 진학해 같은 과목을 다시 들을 필요가 없다. 스미스 김 씨는 "재학생들의 대학 진학률은 100%이고, 95%의 학생이 온타리오 주 장학금을 받았다"고 강조했다. 한국 학생은 미국 대학 선호도가 특히 높아 지난해에는 한국인 여학생이 아이비리그 대학에 진학했다고 그는 덧붙였다. 캐나다 학생들은 고등학교를 졸업하면 부모로부터 독립해 대학 등록금도 자신이 부담(대출을 받는데 졸업 후 취직을 하기 전까지는 이자가 없다)하기 때문에 대부분 등록금이 비싼 미국이나 영국 등지로는 유학을 가지 않는다.

남녀공학인 애플비에는 현재 한국 유학생 50여 명을 비롯해 26개국에서 온 외국인 유학생들이 공부하고 있다. 유학생 전체 비율은 12%로 높지 않은 편이며 7~12학년까지 770명이 재학중이다. 12학년은 의무적으로 기숙사에서 생활해야 한다. 교사와 학생 비율은 1대 7이고, 학급당 인원은 16명이다.

애플비 칼리지가 위치한 오크빌은 캐나다에서는 교육 도시로 통할

✤ 학생들은 스크린에 필기할 수 있는 태블릿 컴퓨터를 이용해 수업을 받는다.

정도로 명문 사립학교가 많고 한국 학부모들에게도 잘 알려진 도시다. 캐나다 전역을 통틀어 주로 엄마가 자녀들과 함께 온 '기러기 가족'이 가장 많은 도시이기도 하다.

토론토는 아이비리그로 가는 최적의 중간 기착지

토론토는 이른바 소수민족과 문화의 용광로라고 할 수 있다. 인구의 절반가량인 48%가 외국에서 온 이민자들이다. 토론토 주변에 명문 사립학교들이 즐비한 것은 이런 지역적 특성이 크게 작용했기 때문이다. 따라서 토론토의 사립학교들은 지역적 특성을 잘 살려 외국인 유학생들을 배려하는 교육 프로그램을 갖추고 그들이 마음 놓고 공부할 수 있는 여건을 제공하고 있다.

토론토는 특히 미국 유학을 고려하는 외국인 유학생들에게 최적의 중간 기착지로 각광받고 있다. 캐나다 중에서도 특히 토론토 지역에 명문 보딩스쿨이 많은 것은 명문학교들이 즐비한 미국 보스턴과 뉴욕이 인접해 있는 것도 한몫을 한다. 또 토론토 인근에는 세계적 명문대학인 맥길 대학교(McGill University)가 있다. 맥길 대학은 세계적인 다국적 교육 컨설팅 업체인 QS가 발표한 세계 대학 평가 순위 12위에 오를 정도로 캐나다 최고의 명문대로 통한다. 대개 명문학교에서는 한 해에 10여 명씩 이 대학에 진학한다.

캐나다의 중·고교는 크게 공립학교와 사립학교로 나뉜다. 공립학교에는 외국인 학생도 입학할 수 있다. 단, 토론토 영주권자나 시민권자는 학비가 면제되지만 외국인 유학생은 학비를 내야 한다. 그리고 공립학교에는 기숙사가 없기 때문에 홈스테이를 해야 하고, 18세 미만의 유학생은 반드시 가디언을 두어야 한다. 가디언은 캐나다 영주권자나 시민권자여야 하고 학생의 법적 부모 역할을 한다. 부모의 대리 역할을 하기 때문에 누구를 가디언으로 삼느냐가 무엇보다 중요하다. 공립학교의 연간 학비는 1만 2천 달러, 홈스테이 비용은 1만 달러 수준이다.

사립학교들은 대부분 영국식 교육 시스템을 도입해 운영하고 있다. 캐나다가 미국과 인접해 있어 미국의 교육 시스템을 도입할 거라고 생각하기 쉬우나 대개는 미국식이 아닌 영국식 교육 제도를 따르고 있다. 캐나다인들은 미국과 비교되는 것을 질색할 정도로 미국과 감정이 별로 좋지 않다고 한다.

한국 유학생들의 경우 명문 사립학교에 입학하기 위해 공립학교나 수준이 조금 떨어지는 사립학교를 거치는 게 관례처럼 되어 있다. 트리니티 칼리지 스쿨에 다니는 최기웅 군의 경우, 오크빌에 있는 데이 스쿨(통합형 사립학교)을 거쳐 트리니티 칼리지에 들어갔다.

유학을 준비중이라면 먼저 영어 실력을 갖추고 철저하게 준비한 뒤에 명문 보딩스쿨에 진학하는 것이 바람직하다. 이때 중간 경유지로 명문학교보다 한 단계 낮은 보딩스쿨을 이용하는 것도 하나의 방법이다. 엄격한 규율과 인성교육 프로그램을 갖춘 명문 보딩스쿨을 잘 활용한다면 유학 생활을 성공적으로 마칠 수 있을 것이다.

세계 명문학교의 핵심 공부법 8
··· 대자연 속에서 자신을 단련하며 리더십을 키워라

　대자연 속에서 자신을 단련하고 리더십을 키우면서 학창 시절을 보낼 수 있다면 그것은 축복이다. 우리나라 학생들은 대부분 운동조차 제대로 할 수 없는 교육 환경과 시설에서 생활한다. 그러다 보니 자신을 단련할 기회조차 없다. 더군다나 입시에 쫓기면서 학원을 전전하는 형편이니 적성을 살리기란 애당초 불가능한 일이다. 그나마 민족사관고 정도가 있지만 수재가 아니고서는 입학조차 하기 힘들다.

　청소년기에 심신을 단련하면서 공부에 전념할 수 있는 곳이 바로 대자연 속에 기숙사를 갖춘 보딩스쿨이라고 할 수 있다. 보딩스쿨의 학비는 명문학교냐 아니냐에 따라 크게 차이가 난다. 미국의 경우 명문 보딩스쿨은 대부분 4천만~5천만 원이고, 캐나다도 미국과 비슷한 수준이다. 영국의 명문 보딩스쿨은 한 해 5천만~6천만 원이다. 인도의 경우는 2천만 원 이내이다. 인도가 조기유학의 새로운 거점이 되고 있는 것은 바로 저렴한 학비에 영어로만 이루어지는 교육, 대자연과 어우러진 교육 환경, 잘 갖춰진 스포츠 시설 등이 있기 때문이다.

　애플비 칼리지는 카누와 이글루를 체험하는 리더십과 극기훈련 프로그램, 스포츠 종목을 통한 협동심 배양 등으로 지식교육과 인성교육이 삼위일체를 이루고 있다. 토론식 수업이 획일적인 주입식 교육에서 탈피하는 지식교육이라면, 리더십 훈련과 스포츠 프로그램은 지식교육을 보완하는 인성교육 프로그램에 해당한다.

영국이나 미국, 오스트레일리아 등 영미권 국가처럼 캐나다의 사립학교들도 대부분 학교마다 전통 있는 스포츠 종목이 있고 학기마다 사립학교끼리 리그 경기를 벌인다. 대학 입시를 준비해야 하는 최고 학년이라도 선수가 되기 위해 열심히 운동한다. 대부분의 고등학교는 미식축구, 라크로스, 트랙앤필드, 수영, 아이스하키, 테니스, 축구, 농구, 골프 등 다양한 종목의 교내 스포츠 팀을 가지고 있고, 학생들은 자신이 속한 종목에서 대표 선수가 되려고 노력한다. 그 종목의 대표 선수가 되면 학교대항전에 출전할 수 있다. 학교를 대표해 출전하는 대표팀을 발시티(varsity)라고 하는데, 각 종목별 발시티팀은 학교를 대표하여 다른 학교들과 리그별 시합을 한다.

우리나라에서는 운동을 전문으로 하는 선수들만 체육대회에 참가하지만, 캐나다에서는 대회에 출전하기 위해 운동만 하는 학생은 없다. 그렇다고 캐나다 학생들에게 운동할 시간이 충분히 주어지는 것도 아니다. 운동은 대부분 수업이 끝난 오후에 한두 시간씩 할 뿐이다. 그 이후에는 특별 활동을 해야 한다. 특별 활동에는 뮤직, 아트, 드라마, 각종 클럽, 봉사 활동이 포함된다. 하지만 이것으로 그치지 않고 토요일에는 학교 밖으로 나가 지역 봉사 활동(Community Service)에도 참여해야 한다. 대개 운동에서는 3학점, 봉사 활동에서는 1학점을 따야 한다.

이렇듯 애플비 칼리지의 학생들은 운동과 특별 활동, 봉사 활동을 통해 자신을 단련하면서 리더십을 키운다. 또한 경쟁을 통해 승복하고, 다른 사람을 배려하고, 패배를 받아들이는 태도를 배우게 된다.

입시 전쟁에 시달리고 있는 한국에서는 스포츠(체육)가 중3이나 고3 때 폐강 직전의 과목이 되지만, 영미권 국가에서는 필수과목이다. 스포츠를 통해 협동심과 인내심, 극기력 등을 배울 수 있기 때문이다. 이렇듯 다른 나라에서는 필수과목인 것이 우리나라에서는 폐강 과목이나 마찬가지이니, 우리나라 학생들이 스포츠를 통한 인성교육을 제대로 받지 못해 글로벌 인재로 성장하는 데 큰 어려움을 겪지 않을까 우려될 따름이다.

우리나라도 입시 위주의 교육에서 벗어나 스포츠와 인성교육을 강화하고 리더십을 키울 수 있는 교육을 하루빨리 도입해야 한다. 우리 청소년들이 미래에 세계적인 인재들과의 겨룸에서 경쟁력을 지니기 위해서는 단기적인 공부에만 매달리게 해서는 안 된다. 지식과 인성, 강인한 체력, 배려하는 마음, 다른 사람을 사로잡는 매력과 리더십이 없으면 경쟁에서 뒤질 수밖에 없기 때문이다.

세계적인 최고경영자로 꼽히는 미국 애플 사의 스티브 잡스(Steve Jobs)는 미혼모에게서 태어나 노동자 가정에 입양되어 성장했다. 학창 시절에는 늘 말썽을 피웠다. 그랬던 그를 변화시킨 것 가운데 하나가 바로 여행이었다. 동양 철학에 심취했던 스티브 잡스는 대학을 중도에 그만두고 인도 여행에 나섰다. 여행을 하면서 자신이 살아온 미국과는 전혀 다른 인도의 문화를 접하고 충격에 빠지기도 했다. 동양의 신비주의에 매료되었던 그는 인도 여행을 다녀온 뒤 1976년에 애플 사를 창업해 억만장자가 되고 세계를 주도하는 경영자가 되었다.

여행은 새로운 만남의 기회를 준다. 유럽의 전통 명문가의 경우 고대 유적지로 떠나는 여행을 중시했다. 여행은 자녀교육의 마지막 관문이자 필수 과정이었다. 여행을 자녀를 정신적으로 성숙하게 만드는 마지막 교육 방법으로 활용한 것이다. 특히 유럽인들은 '세계의 수도'였던 로마로의 여행을 꼭 한 번 해야 할 인생의 여정으로 꼽았다.

방학이 되면 많은 초중고생들이 여행이나 캠프에 나선다. 미래는 다양한 문화와 호흡할 수 있는 '멀티 컬처(Multi-Culture)'형 인재를 요구한다. 어린 시절에 여행이나 각종 캠프를 통해 자연과 문화를 체험하면서 리더십을 키우는 기회를 갖는 것이 갈수록 중요해지는 이유가 바로 여기에 있다.

캐나다의 보딩스쿨 톱 20

Appleby College
Ashbury College
Balmoral Hall School
Bishop's College School
Bishop Strachan School
Branksome Hall
Brentwood College School
Havergal College
King's-Edgehill School
Lakefield College School
Pickering College
Ridley College
Rothesay Netherwood School
Shawnigan Lake School
St. Andrew's College
St. George's School Vancouver
St. John's-Ravenscourt School
St. Michaels University School
Trinity College School
Upper Canada College

* 프렙리뷰닷컴 선정, 2008년 기준
* 순서는 무순위로 알파벳순

IV
오스트레일리아 편

⋮

세인트 마거릿 앵글리칸 걸스 스쿨

| 세계의 명문학교 9 |

세인트 마거릿 앵글리칸 걸스 스쿨
St Margaret's Anglican Girls School

⋮

롱스커트 교복과 보수적 분위기의 여학교

❀ 세계 명문학교의 핵심 공부법 9
··· '다함께 최고'가 되도록 서로 응원하라

롱스커트 교복이 아름다운 여학교

브리즈번 시내의 언덕에 자리 잡은 세인트 마거릿 앵글리칸 걸스 스쿨(St Margaret's Anglican Girls School)은 1895년에 설립된 학교로, 오스트레일리아에서 상위 10위권 안에 드는 명문학교다.

이 학교에서 맨 먼저 눈에 띄는 것은 여학생들의 단정한 교복이다. 그중에서도 무릎 아래까지 내려오는 긴 치마와 하얀 모자가 인상적이다. 교복은 짙은 청색인데 여기에 흰 모자가 곁들여져 단아한 자태를 더욱 아름답게 한다. 캐나다의 대다수 사립학교에서는 여학생 교복이 미니스커트인 것과는 대조적이다.

그런데 이 학교는 남녀공학이 아니라 여학교다. 유치원부터 초·중·고교까지 모두 여학생들뿐이다. 여학생뿐인데도 종아리의 반을 가릴 정도로 긴 치마를 교복으로 입는다. 남녀공학도 아닌데 굳이 긴 치마를

✤ 세인트 마거릿 스쿨의 슈 사이먼 교장과 한국의 조기유학생들. 사이먼 교장은 "유니폼과 엄격한 학칙 등 보수적인 학교 분위기가 한국 학부모들에게 좋은 반응을 얻고 있는 것 같다"고 말했다.

입고 다닐 필요가 있을까 하는 생각마저 들게 한다.

가이드인 임상규 씨 말에 따르면 오스트레일리아는 남학교든 여학교든 남녀공학이든 여학생들의 교복은 모두 롱스커트라고 한다. 오스트레일리아는 사회 전반적으로 보수적인 분위기가 강하다. 따라서 학교들도 공통적으로 교칙을 엄격하게 적용한다.

서구 유럽에 비해 유교 문화의 보수적 색채가 남아 있는 한국에서 온 조기유학생들이나 대학생들도 오스트레일리아의 보수적인 분위기에 당황할 때가 있을 정도라고 한다. 예를 들어 오스트레일리아에서는 교사와의 면담중에 모자를 벗지 않으면 "교사 말을 들을 자세가 되어 있지 않다"면서 크게 꾸지람을 듣는다. 우리나라 학생들이 가장 빈번하게 지적당하는 것 중 하나가 모자를 쓴 채 교사와 면담하거나 수업을 받는 것이라고 한다. 모자는 야외에서 쓰는 것이고 실내에 들어가면 반드시 벗어야 하는 게 오스트레일리아의 문화라고 한다. 우리나라의 문화적 관점에서 보면 아주 사소한 문제일 수 있지만 오스트레일리아에서는 그렇지 않은 것이다.

세인트 마거릿 여학교의 슈 사이먼 교장은 "단정한 교복과 엄격한 학칙 등 보수적인 학교 분위기 때문에 자녀를 이곳에 유학 보낸 한국 학부모들에게 좋은 반응을 얻고 있다"고 말한다. 사이먼 교장은 "보수적인 학교 분위기 덕분인지 학생들의 성적이 다른 학교에 비해 단연 뛰어나다"며 자랑부터 늘어놓았다. 12학년 140명 중에서 10명이 1등급을 받았다고 한다. 2006년에는 1등급이 전체 12학년 학생 가운데 9%를 차지했는데, 이는 퀸즐랜드 주의 평균인 2.4%보다 압도적으로 높다는 것이다. 사이먼 교장은 "기숙사는 전체 학생의 20%가 넘는 185명을 수용하는 규모인데 한국 학생들은 언제든지 이용할 수 있다"고 말했다.

하지만 한국 유학생들은 대부분 홈스테이를 한다. 세인트 마거릿 앵글리칸 걸스 스쿨의 전체 학생 수는 900명인데 외국인이 8% 정도이고, 그중 한국 학생은 20명이다. 기숙사에서 생활하는 한국 학생은 2명뿐인데, 기숙사의 까다로운 규제 때문에 생활이 자유로운 홈스테이를 선호하는 것이다. 기숙사 비용은 연간 1만 5천 오스트레일리아달러 정도이고, 등록금은 연간 2만 2천 3백 달러에서 3만 7천 달러에 이른다. 홈스테이를 해도 비용은 크게 차이가 나지 않는다.

오스트레일리아 사립학교의 특징 가운데 하나는 기숙사가 점차 사라지고 있다는 점이다. 사립학교들이 교외가 아닌 도심에 자리 잡고 있어 굳이 기숙사가 필요하지 않다고 한다. 대부분 한적한 교외에 기숙사 시스템을 잘 갖춰놓은 영국이나 미국, 캐나다 등의 사립학교들과는 교육 환경이나 시설에서 크게 차이가 난다고 할 수 있다. 오스트레일리아에서는 세인트 마거릿 등 일부 학교에서만 전체 학생 중 10%가 생활할 수 있는 기숙사를 운영하고 있다. 따라서 자녀를 오스트레일리아로 조기유학을 보내 기숙사 생활을 하게 하려면 보내고자 하는 학교에 기숙사가 갖춰져 있는지 반드시 확인해야 한다.

자유로운 홈스테이를 선호하는 학생들

고1년생인 강희주 양(10학년)은 기숙사가 홈스테이보다 좋아서 기숙사(보딩하우스)에서 생활하고 있다. 강양은 스위스 레잔에 있는 국제학교인 레잔 아메리칸 스쿨(Leysian American School)에서 2년 동안 유학한 독특한 조기유학 전력을 갖고 있다. 영어와 프랑스어를 공부한 강양은 중학교를 졸업하고 미국이나 영국, 캐나다 등지로 가려다가 오스트레일리아의 보수적인 학교 분위기가 좋아 이곳으로 왔다고 한다. 장차 큐레이터가 꿈인 강양은 프랑스의 대학으로 진학하고 싶다고 했다.

세인트 마거릿 여학교에 재학중인 유학생들 대부분은 중학교 졸업을 앞두고 유학을 왔다. 10학년인 윤송희 양은 중3 때 유학을 와서 영어 연수 전문 기관인 클레이필드 인터내셔널 칼리지(CIC)에서 6개월간

✽ 세인트 마거릿 앵글리칸 걸스 스쿨의 기숙사 룸 내부 모습

공부한 뒤 9학년 때부터 세인트 마거릿 여학교에 다니고 있다. 같은 학년인 김수현 양도 중2 때 유학을 와서 CIC에서 8개월간 공부한 후 9학년으로 편입했다. 김지언 양은 조기유학이 다소 늦은 케이스로 고1때 유학을 왔다. CIC에서 6개월을 공부하다 고1인 10학년생으로 학교를 다니고 있다. 1년 정도 학년이 '지체된' 셈이다. 시드니에는 한국 유학생이 많아 그보다는 수가 적은 브리즈번을 택했다고 한다.

홈스테이를 하는 최원경 양은 중3인 2007년 10월에 유학 와서 7개월간 CIC를 다녔다. 홈스테이 알선 업체를 통해 하숙집을 구해서 현재 중국인 학생과 생활하고 있다. 그녀는 "보딩하우스가 공부하기에는 좋지만 주말에 시내에 나가지 못해 홈스테이를 하고 있다"고 솔직하게 말했다.

문수윤 양은 중학교를 졸업하고 2년 전에 유학 와서 현재 엄마와 함께 생활하고 있다. CIC를 거쳐 현재 10학년에 재학중이니 1년 넘게 학년이 지체된 셈이다. 조나연 양도 엄마와 함께 지내고 있는데 동생(나경)도 이 학교 7학년에 다니고 있다. 아버지는 대만에서 사업을 하고 있어 이들도 '기러기 가족'인 셈이다. 조양도 CIC에서 6개월간 공부했다. 이들 여학생 대부분은 장차 하고 싶은 직업으로 실용적인 분야를 꼽았다. 반장인 윤송희 양은 아트나 건축 분야, 문수윤 양은 건축디자인, 김수현 양은 발이나 척추 물리치료사 등이 목표라고 했다.

서로 응원하며 공부하는, 왕따 없는 오스트레일리아

　보수적인 사회 문화 덕분인지 다른 선진국과 달리 오스트레일리아는 이른바 '교실 붕괴' 현상이 적은 편이라고 한다. 우리나라는 중·고등학교뿐만 아니라 초등학교도 교실 붕괴 현상을 겪고 있다. 수업 시간에 잡담하는 것은 예사이고 자리를 옮겨 다니면서 떠들 정도다. 교사가 조용히 하라고 외쳐도 들은 척 만 척이다. 이러한 우리나라와 달리 오스트레일리아는 교실이 살아 있다고 한다. 스승과 제자 관계가 엄격한 편이어서, 교사는 학생들에게 여전히 존경의 대상으로 남아 있다.
　오스트레일리아로 유학 간 한국인 여학생들은 이구동성으로, 백호주의(오스트레일리아에서 백인 이외의 인종, 특히 황색 인종의 이민을 배척하고 정치 경제에서뿐만 아니라 사회적 문화적으로도 백인 사회의 동질성을 유지해야 한다는 주장과 운동)를 우려했지만 편견에 불과했다고 말한다.

오스트레일리아 정부는 다민족, 다인종 차별을 법으로 엄격하게 금지하고 있다. 인종차별법과 기회균등법에서는 피부색과 민족이 다르다고 교육, 취업, 일상생활에서 불이익을 받아서는 안 된다는 것을 강조한다. 이는 오스트레일리아의 1순위 정책이기도 하다. 물론 아직도 "Go Back To Your Country(너희 나라로 돌아가라)"라고 외치는 일부 오스트레일리아인들이 있기는 하지만 이들은 극소수에 불과하다.

오스트레일리아 정부가 다문화주의를 공식적으로 채택한 것은 지금으로부터 꼭 30년 전인 1978년이다. 백호주의를 던져버린 오스트레일리아는 피부색에 연연하지 않고 그들이 평등하게 사회에 참여하는 것을 적극적으로 인정했다. 이러한 노력은 한 세대를 거치면서 국가와 개인의 생존 가치로 오스트레일리아 국민들 사이에 폭넓게 자리 잡아

❋ 세인트 마거릿 앵글리칸 스쿨의 초등학생들이 수업을 받고 있는 모습

왔다.

여기에 공교육이 다문화주의를 정착시키는 데 한몫한 것으로 평가받고 있다. 정규 학교 교육 과정에서 문화의 다양성을 인정하는 정책을 펴오고 있는 것이다. 오스트레일리아 사립학교 대부분의 교실에서는 다양한 인종의 학생들이 자유로운 분위기에서 수업을 받고 있다. 오스트레일리아 학생들 또한 유학생들을 배려하는 분위기가 강하다.

윤송희 양 등은 오스트레일리아 학생들은 '왕따'를 모른다고 한 목소리로 말했다. 윤양은 "오스트레일리아 학생들은 서로 응원하고 공부도 잘하도록 서로 독려해 준다"면서 이런 모습에 큰 감명을 받았다고 했다. "한국에서처럼 학생들끼리 서로 배척하고 따돌리는 일 같은 걸 오스트레일리아에서는 찾아볼 수 없어요. 처음에는 오스트레일리아 친구들의 태도가 진심이 아닐 거라고 생각하기도 했어요. 그런데 하루 이틀 지나도 달라지는 게 없었어요. 우리나라 학생들보다 훨씬 순수하게 친구를 대했어요. 그러자 제 마음도 저절로 열렸고요. 오히려 한국에서 친구들을 따돌리기도 했던 제가 부끄러웠죠. 서로 응원해주고 용기를 북돋워주고 순수하게 마음을 받아들이는 오스트레일리아 친구들에게 많은 것을 배우고 있습니다."

국가간의 장벽이 없어질 미래 세계에는 다양한 문화를 공유하고 이해하는 인재가 필요하다. 그런 점에서 다양한 국적을 가진 학생들이 서로 친구가 되어 함께 어울려 공부할 수 있다는 것은 행운이라는 생각이 든다. 친구를 외롭게 만들거나 따돌리지 않고 서로 독려하면서 공부하는 문화야말로 선진국의 문화일 것이다.

국제학교에서 영어 배운 후 사립학교에 진학

학생들과의 인터뷰에서 드러난 것처럼 세인트 마거릿 여학교에 재학중인 한국인 유학생 대부분은 CIC를 거쳤다. 브리즈번 시내에 있는 CIC(Clayfield International College)는 말 그대로 번역하면 '클레이필드 국제학교'이지만, 우리나라에서 말하는 것과 같은 국제학교의 개념이 아니다. CIC는 클레이필드 칼리지(Clayfield College)에서 운영하는 외국 유학생을 위한 '비정규 과정'의 영어 학교다. 우리나라의 연세대 등에서 운영하는 한국어학당과 같은 개념으로 보면 된다. 다만 우리나라는 대학교에서 운영하지만 브리즈번의 국제학교는 고등학교에서 운영한다는 게 차이점이다.

또한 브리즈번의 국제학교는 사립 영어 학원과는 다르다. CIC는 학교와 별반 다르지 않게 운영된다. 6개월이 한 학기이고, 기숙사를 갖추고 있다. 규율도 엄격해서 기숙사나 학원에서 술과 담배 등을 할 수 없다. 오스트레일리아에서는 흡연은 16세 미만, 음주는 18세 미만의 청소년에게 법으로 엄격하게 금지하고 있기 때문이다. 또 학교와 마찬가지로 교복을 입는다. 학년 진급이 없는 것 말고는 정규 학교의 시스템을 그대로 따르고 있는 것이다. CIC는 40~60명이 정원이고 레벨 4까지 단계가 있다. CIC는 브리즈번에 유학 온 대부분의 한국 학생들이 거치는 필수 코스인 셈이다.

성공적인 유학 생활은 열정에 달려 있다

오스트레일리아에서도 다른 나라에서와 마찬가지로 일부 조기유학생의 우울한 이야기를 들을 수 있었다. 한 학생이 조기유학에 적응하지 못해 이 학교 저 학교를 떠돌다가 또다시 학교에서 내쫓길 위기에 처해 있다는 것이다. 그 학교에서 내쫓기면 더이상 옮겨 갈 학교도 없다고 했다. 영어로 진행되는 수업을 따라가지 못할 뿐 아니라 술과 담배를 피우다가 수없이 적발돼 수차례 교칙 위반의 징계를 받았기 때문이다. "그럼 한국으로 돌아가면 되지 않느냐?"는 말에 가이드는 고개를 저었다. 그 학생의 엄마는 "한국으로 돌아가면 아버지가 가만히 놔두지 않을 거라면서 무슨 일이 있어도 오스트레일리아에서 학교를 다녀야 한다"며 학교에 읍소를 하더라는 것이다.

가이드의 말로 판단하건대, 그 학생은 이미 더이상 손을 쓸 수 없을 정도로 유학 생활이 망가져 있는 상황이었다. 귀국하는 길 말고는 달리 대안이 없어 보였다. 그런데도 그 학생의 아버지는 조기유학의 실패를 받아들일 수 없다며 아들의 귀국을 결코 허락하지 않는다는 것이다. 이는 아버지의 이기심이 자녀를 수렁 속으로 몰아넣는 대표적인 사례일 것이다. 자녀의 의사를 고려하지 않거나 아무런 준비 없이 유학을 보내는 것은 아이를 사지(死地)로 내모는 것과 다름없다.

반면 오스트레일리아 브리즈번에서 우연히 듣게 된 어느 조기유학생의 에피소드는 퍽 인상적이었다. 프롤로그에서도 잠깐 언급한 이야기인데, 오스트레일리아에 유학 올 때 한 학생이 화물선을 타고 왔다

✤ 여학생들이 휴식 시간에 그늘 아래 모여 담소를 나누고 있다.

고 한다. 오스트레일리아에 유학을 보내기로 한 학생의 부친이 유학 생활을 제대로 하려면 먼저 고생을 해봐야 한다면서 비행기가 아닌 화물선에 아들을 태워 보냈다는 것이다. 서울에서 부산으로 가서 화물선을 탔고 홍콩을 경유해 오스트레일리아에 도착했는데 한 달이 넘게 걸렸다고 한다.

학생의 아버지는 "공부를 하려면 어려움을 겪어봐야 하고 이를 이겨내지 못하면 더 큰 어려움도 이겨낼 수 없다"면서 막무가내로 화물선에 아들을 태워 보냈다고 한다. 그런데 오스트레일리아에 도착할 무렵이면 기진맥진해 있을 거라는 부모의 생각과 달리 그 학생이 그 한 달 동안에 아주 씩씩해져 있었다는 것이다. 게다가 오스트레일리아 유학 생활도 아주 잘 적응하고 있다고 한다.

여학교인 클레이필드 칼리지를 취재할 때에는 열정적으로 자신의 꿈을 가꾸어가고 있는 조기유학생을 만날 수 있었다. 경북 예천에서 유학 온 엄향숙 양(11학년)이 그 주인공이다. 중2 중간고사를 마치고 유학을 온 엄양은 회계사를 목표로 착실하게 도전하고 있다. 유학 오기 전에 특목고를 준비하고 있었던 터라 영어 실력이 뒤지지 않는 편이라 적응하는 데 그리 힘들지 않았다고 한다.

엄양은 "학교장 추천으로 퀸즐랜드 공대에서 장학금을 받고 회계학 수업을 듣고 있다"고 귀띔해 주었다. 대학에서 수업을 들으면 대학 진학 때 유리한 것은 두말할 나위가 없다. 엄양은 "예천에서 고생하시는 부모님께 보답할 길은 열심히 공부해서 목표를 이루는 것"이라면서 "오스트레일리아 조기유학의 성공 사례가 될 수 있도록 열심히 공부하겠다"고 말했다. 엄양의 말은 조기유학의 성공 여부는 부모의 욕심이 아니라 당사자인 학생들의 열정이라는 평범한 진리를 새삼 되새겨 보게 했다.

남녀공학보다 남학교, 여학교가 강세

오스트레일리아의 명문학교는 백호주의 등의 보수적인 사회 분위기 때문인지 남녀공학보다 남학교나 여학교로 분리되어 있는 학교가 많다. 브리즈번의 여학교 중에서는 세인트 마거릿과 함께 브리즈번 걸스 그래머 스쿨(Brisbane Girls' Grammar School, BGGS)이 명문으로 통한다.

명문 남학교로는 1860년에 설립된 브리즈번 그래머 스쿨(BGS)이 있다. 바로 인접해 있는 브리즈번 걸스 그래머 스쿨과 같은 재단인데, 오스트레일리아 전역을 통틀어 '톱 5'에 드는 명문 남학교로 알려져 있다. BGS와 함께 브리즈번의 전통 있는 명문 남학교로는 브리즈번 보이스 칼리지(Brisbane Boys' College, BBC)가 꼽힌다. BGS보다 늦은 1902년에 설립된 BBC는 이 지역에서 손꼽히는 남학교로, 4학년부터 12학년까지의 과정을 운영하고 있다.

브리즈번 그래머 스쿨의 경우에는 입학 대기 신청을 2~3년 전에 해 놓을 정도로 인기가 높다. 이 학교 홍보 담당자인 캐서린 맥마흔 씨는 "재능이 같은 두 학생이 있다고 할 때 BGS에 들어온 학생이 다른 학교에 간 학생보다 훨씬 더 좋은 결과를 얻고, 명문대학으로도 많이 진학한다"고 강조했다.

브리즈번 그래머 스쿨이 오스트레일리아 전체에서 손꼽히는 명문학교인 이유는 바로 이 학교만의 독특한 수업 방식에 있다고 한다. 즉 '어떻게 가르치냐'에 따라 다른 결과를 얻을 수 있는데 그 비결이 바로 'IWB'라고 한다. 입학 때에는 같은 재능을 가진 학생이라도 어떻게 가르치냐에 따라 명문대 진학 여부가 결정된다는 것이다.

'IWB'는 Interactive White Boards의 약자로 '쌍방향 화이트보드', 다시 말해 대규모 터치스크린 컴퓨터에 비유할 수 있다. 교사가 특수 펜으로 화이트보드의 아이콘들을 클릭하면 마치 컬러 펜으로 줄을 긋는 것처럼 화면이 변하면서 학생들이 수업 내용을 잘 이해할 수 있게 해준다. 교사는 비디오와 오디오, 그래픽 자료 등을 준비해 학생들에게 시청각 자료들을 보여주고 들려주면서 입체적으로 가르칠 수 있다. 학생들이 교과 내용을 더 잘 이해할 수 있게 도와주는 것이다. 맥마흔 씨는 "학생들을 어떻게 가르치냐에 따라 둔재도 영재로 키울 수 있다"면서 "BGS가 오스트레일리아의 명문학교가 된 배경에는 IWB와 같은 쌍방향식의 첨단 수업 방식이 한몫을 하고 있다"고 말했다.

오스트레일리아의 대다수 사립학교와 마찬가지로, BGS도 도심에 자리 잡고 있다. 명문 사립학교들이 도심이 아닌 교외에 위치한 미국이나 영국, 캐나다 등의 사립학교에 비해 규모는 작은 편에 속한다. BGS의 전체 학생은 1,400명이고 6학년부터 12학년까지로 우리나라의 중·고교에 해당한다. 외국인 학생은 100여 명이고 이중 10여 명이 한국인 조기유학생이다. 기숙사에서 생활하는 학생은 135명으로 전체 학생의 10% 정도다. 학비는 기숙사비를 포함하면 오스트레일리아달러로 연간 3만 1천 달러(보딩비 1만 3천 달러) 정도다.

세계 명문학교의 핵심 공부법 9
… '다함께 최고'가 되도록 서로 응원하라

세인트 마거릿에 다니는 한국인 여학생들은 오스트레일리아 학교는 친구들을 배려하고 서로 최고가 되도록 응원해 주는 분위기가 강하다고 입을 모은다. 이는 일상생활에서도 매너를 중시하는 오스트레일리아의 사회 분위기와 연관되어 있고, 교칙을 엄격하게 적용하는 학교 분위기와 철저한 인성교육도 한몫을 한다. 서구의 명문학교일수록 이기적인 '속물 엘리트'를 경계한다.

또한 우리의 예상과 달리 오스트레일리아 학생들은 순수하고 우정을 중시하고 인종차별 같은 것도 없다고 한다. 한때는 오스트레일리아가 이른바 '백호주의'를 내세워 백인 이외의 인종을 차별하기도 했지만 이제는 그런 사회 분위기는 거의 찾아볼 수 없다.

반면 동방예의지국이라는 우리나라는 되레 서구문화의 부정적인 면을 무비판적으로 받아들여 이기적인 인재를 양산해 내고 있는 실정이다. 안타깝게도 우리나라 학생들은 다른 학생을 밟고 올라서지 않으면 자신이 손해를 본다는 생각을 자기도 모르게 갖고 있다. 친구가 잘되는 것에 대해서도 호의적이지 않다. 경쟁 사회에서 살아남으려다 보니 무

의식적으로 '남의 불행이 자신의 행복'이라는 인식이 몸에 배어버린 것이다.

미국의 필립스 엑시터 아카데미에서 만난 한 여학생은 한국에서 외국어고에 다니다가 친구들의 이기주의에 마음의 상처를 크게 입어 서둘러 미국 유학길에 올랐다고 털어놓았다. 한국에서는 친구끼리 공부를 해도 서로 마음의 문을 열지 않았다고 했다. 친구가 자신보다 더 잘할까 봐 늘 경계하거나 공부하는 것도 의식적으로 숨기려 들었다. '다함께 최고'가 되도록 서로 이끌어주는 게 아니라 '나만 최고'가 되면 그만이라는 분위기여서 질식할 것만 같았다고 한다. 그 여학생은 마치 도망치듯 외국어고를 그만두고 미국 유학길에 올랐고, 다행히도 외국어고에서 영어로만 이루어지는 수업을 받아 미국에서도 별 어려움 없이 학교 생활에 적응하고 있다고 했다.

우리나라는 교실이 붕괴되어가고 있고, 사교육이 공교육을 짓누르고 있으며, 학부모들의 이기주의 또한 어느 나라보다 심한 편이다. 인성교육이 부재하는 이런 환경에서는 이기적인 엘리트가 양산될 수밖에 없다.

요즘 사회에서는 상생(win-win)하는 관계가 아니면 사람을 만나기도 쉽지 않다. 친구끼리도 도움이 되지 않으면 서로를 꺼린다. 기업체들도 서로 도움이 되어야 관계를 유지할 수 있다. 인간관계도 마찬가지다. 나 혼자 이익을 독점하려 하거나 성적을 잘 내려고 하면 외면당하기 십상이다. 나도 잘되고 다른 사람도 잘되도록 서로 응원하면서 최고가 되도록 노력할 때 목표를 달성하기가 훨씬 쉽다. 인적 네트워크나 인간관계가 중요하다는 말은 여기서 나온 것이다.

　세계의 명문학교를 둘러보면서 그들의 교육 환경과 시설, 시스템이 더없이 부러웠다. 교육을 제대로 받지 못하는 소외 계층에 대한 배려도 중요하지만 핵심 인재를 잘 키워내는 것도 결코 간과할 수 없다. 이런 점에서 핵심 인재를 키워내는 세계 명문학교들은 인적 자원을 무엇보다 중시하는 우리나라에 시사하는 바가 크다. 우리나라도 하루빨리 교육선진국의 학교 시스템들을 벤치마킹해 가정 정상화, 학교 정상화에 이어 교육 정상화로 나아갔으면 하는 마음 간절하다.

오스트레일리아의 주요 사립학교

시드니	Bankstown Grammar School Kincoppal-Rose bay SCEGGS Redlands Wenona School Sydney Grammar School MLC Burwood Meriden School
멜버른	Brighton Grammar school Geelong Grammar School Genazzano FCJ College Korowa Anglican Girls' School Melbourne Girls' Grammar Wesley College Firbank Grammar School Huntingtower School
브리즈번	Brisbane Grammar School Brisbane Girls' Grammar School Brisbane Boys' College St. Margaret School Clayfield College St. Peters Lutheran College Somerville House West moreton Anglican College
골드코스트	All Saints Anglican School The Southport School King's Christian College Somerest College
애들레이드	Annesley College Mercedes College Prince Alfred College Scotch College Walford Anglican School for Girls

* 자료 출처 : 도움교육정보

V

인도 편

⋮

우드스탁 스쿨

|세계의 명문학교 10|

우드스탁 스쿨
Woodstock School

:

자유롭고 개방적인 분위기가
매력인 히말라야 산상학교

❈ 세계 명문학교의 핵심 공부법 10
··· 드넓은 세계를 무대로 꿈을 키워라

영어 수업 강점, 밀려드는 한국 조기유학생들

　우리나라의 대다수 학부모들은 학생의 적성을 잘 계발해 주는 교육 시스템과 여건 좋은 시설, 도시와 동떨어진 자연환경 등을 갖춘 곳에서 자녀가 교육받기를 바란다. 하지만 우리나라에는 이런 여건을 갖춘 학교가 극소수에 불과하다. 아마도 민족사관고 정도가 이에 해당할 텐데, 이곳에는 '영재급'이 되어야 들어갈 수 있다. 영재가 아니고서는 그런 좋은 교육 환경에서 자신의 꿈을 가꿀 수가 없다. 그래서 많은 부모들이 해외로 눈을 돌리는 것이다.
　학부모들이 찾는 학교는 바로 기숙사 시스템을 완벽하게 갖춘 사립학교라고 할 수 있다. 그런데 미국이나 영국, 캐나다, 오스트레일리아 등은 학비가 연간 4천만 원 이상이어서 웬만한 가정에서는 엄두도 내지 못한다. 그런 이유에서 최근 중산층 학부모들의 인기를 끌고 있는

❋ 우드스탁 스쿨의 수학 시간. 자유로운 분위기에서 수업을 받는 학생들의 모습을 볼 수 있다.

조기유학지가 바로 인도를 비롯한 중국, 말레이시아 등의 동남아 국가들이다. 그런데 중국이나 동남아시아 국가들은 이미 한국인 조기유학생들로 넘쳐나 여러 가지 문제가 나타나고 있다.

하지만 인도의 경우, 조기유학생이 크게 늘어나고는 있지만 전통 있는 명문학교라면 한번 가볼 만하다. 필자가 다녀온 몇몇 학교들은 한국인 유학생이 거의 없는 곳이거나, 한국인 조기유학생이 많더라도 영어 능력을 철저하게 관리하고 있어 추천할 만한 곳이었다.

그중 하나가 바로 히말라야 산자락에 위치한 150여 년 전통의 명문학교인 우드스탁 스쿨(Woodstock School)이다. 이 학교는 특히 비영어권 학생을 위한 영어교육 프로그램인 ESL 과정을 체계적으로 운영하고 있는데, 영어 실력이 안 되면 진급이 어렵다고 한다.

1854년에 설립된 우드스탁 스쿨은 잘 갖춰진 교육 시스템, 대도시로부터 멀리 떨어진 자연환경, 기숙사 시설, 전 과목 영어 수업 등 한국 부모들이 바라는 조건을 두루 갖춘 곳이다. 그래서인지 우드스탁에서는 인도의 여느 국제학교와 마찬가지로 한국인 조기유학생들을 심심찮게 만날 수 있었다.

우드스탁 역시 인도의 대다수 명문학교들처럼 더위를 피해 높은 산에 위치해 있다. 우드스탁이 있는 곳은 해발고도 2,005미터의 히말라야 산자락인 무수리(Mussoorie)다. 이런 고지대에 있는 이유는 단 하나, 기후 조건 때문이다. 델리 등의 대도시들은 몹시 무더워서 공부 환경으로는 매우 열악하다. 그래서 인도의 전통 있는 명문학교들은 대부분 고산지대에 자리 잡고 있다.

우수하고 체계적인 영어 능력 관리 체제

우드스탁 스쿨의 전체 학생 수는 470여 명으로 많지 않은 편이지만, 무려 30개국에서 온 외국인 학생들이 함께 공부하고 있다. 재학생은 인도인이 216명이고, 나머지는 모두 외국에서 온 학생들로 외국인 비율이 더 높다. 이중에서 미국인이 55명으로 가장 많고, 다음이 한국인으로 52명이다. 미국인의 경우 이곳에서 근무하는 교사의 자녀들이나 미국에 거주하는 인도 교포의 자녀들이어서, 실제로는 외국인 학생 가운데 한국 학생이 가장 많은 셈이다.

이 학교 홍보 책임자인 피트 와일드먼 씨는 우리 취재진을 반갑게 맞았다. 아마도 한국인 학생이 많으시일 것이다. 히말라야 산사락에 있는 이곳 우드스탁에도 이미 한국인 조기유학생들은 주 고객이었다. 한국 학생이 많은 이유를 묻자, "우드스탁의 기독교적 전통이 기독교인이 많은 한국인 학부모에게 안정감을 주는 것 같다"고 이색적인 분석을 내놓았다.

한국 학생이 많은 이유로는 150여 년의 전통과 미국 선교사 재단의 학교 운영, 영어로 진행되는 수업이 손꼽힌다. 와일드먼 씨는 "한국에서는 멀게 느껴지겠지만 따지고 보면 미국보다 가까운 곳이고 히말라야 산자락에 있어 경치도 아주 좋다"며 너스레를 떨었다.

우드스탁 스쿨에 입학하는 것은 그리 까다롭지 않은 편이다. 그렇지만 모든 수업이 영어로 이루어지기 때문에 영어 능력이 떨어지면 그만큼 대가를 치러야 한다. 영어 실력이 뛰어나면 입학 후 곧바로 정규 수업 과정을 밟을 수 있지만, 영어 실력이 모자라면 정규 수업에 들어갈 수 없고 학년 진급도 할 수 없다. 정규 수업을 받을 수 있는 능력이 될 때까지 ESL(English as a Second Language) 과정을 이수해야 한다. ESL은 영어가 모국어가 아닌 학생들을 가르치는 영어 프로그램이다. 영어 실력이 모자라지만 입학을 허가받은 일종의 조건부 입학생들은 ESL 프로그램 과정을 이수해야 한다. 와일드먼 씨는 "대다수 한국 학생이 열심히 공부하고 있지만 종종 '영어 스트레스'가 극심해 중도탈락하고 귀국하는 경우도 가끔 있다"고 말했다.

취재 도중 ESL반을 찾아갔을 때 마침 한국 학생 4명이 수업을 받고 있었다. 아직 어린아이 티를 벗지 못한 학생들이 깔깔거리면서 공부하고 있었다. 모두들 초등학교를 마치고 유학을 온 아이들이었는데, 우리나라 중학교 1학년에 해당하는 7학년생이다. 7학년이지만 정규 수업을 받지 못해 학년이 정지된 상태나 마찬가지였다.

이 가운데 이모 군은 초등학교 4학년 때 뉴질랜드로 유학 가서 2년 동안 공부하고 그곳에서 초등학교를 졸업했다. 이곳에 와서도 1년 동안 영어 공부를 하고 있지만 아직도 수업을 들을 수준이 안 되어 ESL 과정을 듣고 있었다. 이는 그만큼 조기유학의 성과를 내기가 힘들다는 방증일 것이다. "한국 학생들이 가장 어려워하는 것은 영어 쓰기"라고 지도교사는 전했다. 인터뷰 자리에서 아이들은 어린아이들답게 음식에 대한 불만을 쏟아냈다.

고2년생인 정해성 군(10학년)은 수학 수업 도중에 인터뷰를 했다. 정 군은 6년 전인 초등학교 5학년 때 형인 해원 군과 함께 우드스탁에 유

✤ 수업 후 삼삼오오 모여 이야기를 나누고 있는 학생들

학을 왔고, 형 해원 군은 올해 졸업해 보스턴 대학에 진학했다. 조기유학을 와서 성공한 사례라고 할 수 있다. 해성 군은 형과 달리 한국으로 돌아가 서울대나 카이스트에 도전할 거라고 말했다. 외국보다 한국에서 사는 게 더 편해서라는 것이 이유였다. 해성 군의 표정에서 한국을 향한 그리움이 진하게 묻어났다. 그 그리움 때문에 미국의 명문대에 들어갈 실력이 되는데도 한국행을 선택한 듯했다. 이들 형제는 아버지가 인도에 근무하면서 이곳에서 공부하기 시작했다고 한다.

미국 재단이 운영하는 자유롭고 개방적인 학교

조기유학을 온 학생들 모두가 정해성 군처럼 스스로 공부에 매진하는 것은 아니다. 이곳에 온 학생 가운데 일부는 공부에 몰두하지 못하고 온라인 게임에 빠져 대부분의 시간을 허비하기도 한다. 정해성 군은 "학교 규율이 있지만 놀려고 하면 얼마든지 놀 수 있다"면서 '비학구파'에게는 마음껏 놀 수 있는 분위기라고 했다. 한 학생은 이런 분위기 속에서 마지막 학년을 보내다가 서울대 진학에 실패하고 군대에 갔다고 한다. 반면 학구파들은 자신들이 세워놓은 목표를 달성하기 위해 매진한다. 이곳의 교육 시설이나 여건이 서구의 어느 나라 못지않기 때문이다.

우드스탁의 캠퍼스 분위기는 미국식이어서 그런지 개방적인 편이다. 다양한 국적을 가진 학생들이 편견 없이 서로 친밀하게 지낸다. 한국 학생들도 우드스탁 스쿨에는 따돌림이 없다고 이구동성으로 말한다.

취재 도중에 한국 여학생이라는 귀띔을 받고 한 학생에게 인터뷰를 청했다. 그런데 어디에서 왔느냐고 묻자 학생은 얼굴이 빨개지면서 작은 목소리로 "인디아"라고만 대답했다. 아마도 그 학생은 인터뷰를 하는 게 부담스러웠던 모양이다. 조기유학을 온 학생들의 경우 성격이 내성적이면 유학 생활에 실패할 확률이 높다. 영어로 말하든 친구를 사귀든 적극적이어야 하는데 내성적인 학생은 그렇지 못하기 때문이다. 인도의 국제학교 취재 기간 내내 조기유학 부적응자들의 이야기를 심심찮게 들을 수 있었다.

결국 학교도 사회나 직장과 마찬가지다. 회사가 창업해 성공하는 확률이 10% 이내이듯이, 조기유학을 가서 열심히 공부하는 학생의 비율도 10%에 불과하다. 더욱이 조기유학의 경우 부모의 통제에서 벗어나 있기 때문에 스스로 채찍질하지 않는 이상 공부에 몰입하기가 쉽지 않다.

와일드먼 씨는 "한국에서 온 조기유학생은 대부분 열심히 공부하고 좋은 성적을 내서 미국 대학 등에 진학한다"고 말하며 올해에도 한국 학생들이 미국 대학으로 진학했다고 소개했다. 그러면서도 그는 "일부 학생은 1년 이상 ESL 과정을 다녀도 영어 실력이 늘지 않는다"면서 "가능한 한 한국에서 미리 영어 수업을 따라갈 수 있을 정도로 실력을 다진 뒤에 유학을 오면 훨씬 더 좋은 결과를 얻을 수 있을 것"이라고 조언했다. 영어 실력을 갖추지 못한 상태에서 조급하게 조기유학을 오게 되면 얻는 것보다 잃는 것이 더 많을 수 있다는 말이다. 이 말은 조기유학을 계획하는 학부모들이 반드시 귀담아들어야 할 조언이다.

❖ 산 정상에 있는 우드스탁 스쿨의 기숙사 전경. 히말라야 산자락이 굽이굽이 펼쳐져 있어 전망이 빼어나다.

우드스탁 국제학교는 분명 자녀의 조기유학을 원하는 한국 학부모들이 손꼽는 조건을 충족시킬 만한 곳으로 보였다. 그러나 뭐니뭐니해도 중요한 것은 조기유학을 가는 학생 본인의 목표를 이루고자 하는 의지다. 한국에서도 공부하지 않는 학생은 아무리 좋은 환경을 제공하는 국제학교라고 해도 공부하지 않는다. 조기유학을 보내려는 학부모들은 성급하게 유학을 보낼 게 아니라 자녀의 공부하려는 자세부터 바로잡아야 할 것이다.

델리에서 8~9시간 걸리는 열악한 교통편

우드스탁 스쿨로 가는 길은 멀고도 험했다. 약속 시간을 지키느라 점심도 걸러야 했다. 특히 우드스탁까지 가려면 인도의 열악한 교통편을 감수해야 한다. 델리에서 우드스탁이 위치한 무수리까지는 340킬로미터 정도다. 승용차로 가기에는 도로 상태가 엉망이어서 8~9시간은 족히 걸린다. 기차는 무수리에서 40킬로미터 떨어진 데라둔까지만 운행하는데, 델리에서 데라둔까지 가는 것 역시 6시간 정도 걸린다. 항공 편은 없다. 이처럼 우드스탁 스쿨은 델리에서 기차나 승용차로 하루 종일 이동해야 한다는 것이 최대 단점으로 꼽힌다.

인도의 명문학교를 취재하는 내내 '정말 우리나라 학부모들은 독한 것 같다'는 생각을 지울 수 없었다. 과연 이 먼 곳에 아이들을 보내면서까지 공부를 시켜야 할까. 취재를 하면서도 회의가 들었다. 그것은 모두 우리나라 정부의 교육 정책 잘못에서 기인하는 바가 클 것이다. '우리 아이들이 이 길을 오가면서 마음이 얼마나 애잔할까, 얼마나 엄마가 보고 싶을까…….' 히말라야 산자락을 굽이굽이 올라가면서 필자는 그만 눈물이 핑 돌고 말았다. 아이를 학교에 남겨놓고 뒤돌아서는 부모의 심정도 아이와 마찬가지일 것이다.

연간 1만 2천 달러의 저렴한 학비

초등학교부터 고등학교까지의 과정을 운영하는 우드스탁 스쿨은 3가지 교육 과정을 채택하고 있다. 미국식 AP(Advanced Placement, 대학 학점 선이수 제도), 영국식 IGCSE(International General Certificate of Secondary Education, 영국 케임브리지 대학에서 주관하는 교육 학위증), 인도식 ICSE(Indian Certificate of Secondary Education) 교육 과정이 그것이다. 우드스탁의 학생들은 미국이나 영국, 인도 등 자신이 진학하려는 대학에 들어가기 위해 각기 다른 과정을 선택할 수 있다. 미국 대학에 진학하려는 학생들을 위한 AP 교육 과정은 11~12학년 때 이수할 수 있고, IGCSE는 영국 대학에 진학하려는 학생들을 위한 과정으로 10학년 때 이수할 수 있다. ICSE는 인도의 대학에 진학하려는 학생들을 위한 과정이다. 다시 말해 학생이 진학하고자 하는 국가에 맞춰 맞춤형 교육 과정을 제공하는 것이다. 11~12학년에는 미국 대학에 들어가기 위해 준비해야 하는 SAT반이 있는데, 지난해에는 우드스탁 스쿨에서

67명이 SAT에 응시했다.

우드스탁 스쿨의 졸업생은 대부분 미국과 영국 등지의 대학으로 진학한다. 홍보 책임자 와일드먼 씨는 "지난해 졸업생 100명 가운데 70명은 미국의 대학에, 20명은 인도에 있는 대학에 진학했고, 나머지 10명은 영국과 오스트레일리아 등지로 진학했다"고 말했다. 이는 우드스탁 스쿨 재학 때 미국과 영국, 인도의 교육 과정에 맞춰 학생들을 교육하기 때문이다.

대부분의 학생들은 기숙사에서 생활한다. 전체 학생 470여 명 가운데 50여 명만이 통학을 하는데, 통학생들은 대개 학교 인근에 거주한다. 기숙사 생활을 하는 학생의 하루 일과는 오전 6시 45분에 시작된다. 1시간 안에 씻고 밥 먹고 청소를 한 후 7시 45분에 등교한다. 학교까지는 걸어서 10분도 채 걸리지 않는다. 오전에는 40분씩 4교시 수

✤ ESL 수업을 받는 한국 학생들

업을 하고 점심시간 이후 다시 4교시 수업을 한다. 수업이 끝나는 시간은 오후 4시 10분이다. 이후 독서나 게임 등을 하고 5시 30분에 저녁을 먹는다. 저녁식사 후 자유 시간을 보낸 뒤 7시부터 자율학습을 하고, 9시 30분에는 잠자리에 든다.

인도의 국제학교나 사립학교 기숙사의 기상 시간은 학교마다 다르다. 심지어 새벽 4시 30분에 기상해 새벽 운동을 하게 하는 학교도 있다. 또 어떤 학교는 5시 30분이 기상 시간이다. 대신 밤 취침 시간은 대부분 9시 30분이나 10시다. 우드스탁 스쿨의 기상 시간은 6시 45분으로, 상대적으로 느슨한 편이다.

우드스탁 스쿨은 입학 전형 때 한국 학생들을 배려해, 먼저 인터넷으로 입학 신청을 받고 매년 2월 한국에 직접 찾아와 인터뷰와 테스트를 거쳐 학생을 선발한다. 중학교에 입학하려는 학생은 SLEP(Secondary Level English Proficiency Test, 중·고교생 대상 영어 능력 시험) 테스트 결과를 첨부해야 한다. 경쟁률은 평균 2~3대 1에 이른다고 와일드먼 씨는 전했다. 학비(기숙사비 포함)는 연간 1만 2천 달러 정도다.

종교는 기독교인으로 국한시키지 않는다. 재학생 중에는 기독교인이 200명 정도로 가장 많고, 이어 힌두교, 불교, 이슬람교, 시크교, 자이나교, 조로아스터교, 유대교 등의 순이다.

인도가 조기교육의 거점으로 인기를 끄는 이유

　영국의 BBC 방송은 "인도가 전 세계 '교육 산업'의 블랙홀로, 글로벌 교육 시장의 메카로 떠오르다"라고 대서특필한 바 있다. BBC는 상대적으로 값싼 교육비를 내고도 호텔식 기숙사 시설에서 승마, 골프, 피아노 등 예체능교육을 제대로 받고자 한다면 인도 유학을 고려하라고 보도했다.

　인도 교육 산업의 빅뱅을 예고하고 있는 대표적인 곳으로 지난해 8월에 개교한 앰비 국제학교(International School Aamby, ISA)를 꼽을 수 있다. 한국 학생 2명을 포함해 재학생이 125명인 ISA는 인도 뭄바이에서 승용차로 3시간(122㎞) 정도 걸리는 앰비밸리 시에 있다. 앰비밸리는 여의도 면적의 5배인 1,200만 평에 이르는 광대한 규모의 리조트형 기업 도시로, 방갈로를 비롯해 병원, 쇼핑센터, 초대형 실내외 수영장, 18홀의 골프장 등을 갖추고 있다. 이 미니도시는 인도의 대표적인 재벌인 사하라 인디아(Sahara India) 그룹이 소유하고 있다.

　인도에는 기숙사를 갖춘 26곳의 국제학교와 100년 이상의 전통이 있는 사립학교 등 40여 개의 학교가 성업중이다. 대부분 영국식 교육의 영향으로 도시와 멀리 떨어진 대자연 속에 자리 잡고 있다. 방갈로르 지역 등의 일부 국제학교는 수영장과 골프장, 넓은 기숙사, 24시간 대기중인 의료진 등 마치 리조트를 연상케 하는 화려한 시설을 자랑한다. 수업료는 비슷한 시설을 갖춘 영국의 학교에 비해 3분의 1 정도에 불과하지만, 인도의 상류층 자녀들과 우리나라 유학생들과 같은 조기유학생들이 재학하고 있다.

　인도가 한국 학부모들에게 조기유학의 새로운 거점으로 급부상하면서 이미 70여 곳에 이르는 보딩스쿨이 '성업' 중이다. 필자는 뭄바이에서 우연히 영자신문을 들춰보다가 사립학교 입학생 모집 광고를 보게 되었다. 고엔카(GD Goenka World School)라는 신설 사립학교로, 이 학교는 시설면에서 단연 으뜸이라고 소개되어 있었다. 국내의 한 유학원에서는 이 학교를 이렇게 소개했다. "별 다섯 개의 호텔이 떠오를 정도로 호화로운 시설을 자랑한다. 드넓은 골프 코스, 수영장, 강의실, 사우나와 기숙사 시설은 마치 호텔 리조트에 와 있는 듯한 느낌을 준다. 학교의 모든 시설에 에어컨이 설치되어 있다. 기숙사는 4인 1실이며 인도식·서양식·중국식의 식사를 제공한다."

　필자가 취재를 마치고 돌아오던 비행기 안에는 방학을 맞아 귀국하는 아이들이 심심찮게 보였다. 초등학생부터 고교생까지 줄잡아 50명 정도는 되었다. 그만큼 조기유학이 일반화되었다는 증거다. 인도가 바로 조기유학의 새로운 '거점'으로 부상하는 곳임을 거듭 알 수 있었다.

　공항과 기내에서 만난 아이들 중에는 서울 영등포를 비롯해 제주도·강원 인제·충남 공주 등의 지방 출신도 있었다. 그 가운데 델리 인근의 신설 사립학교인 DPS(Delhi Public School)에 재학중인 나윤정 양(5학년)의 앳된 눈망울이 잊히지 않는다. 윤정이는 올초에 인도에 유학을 와서 이제 막 한 학기를 보낸 터였다. 아이는 당장이라도 울음을 터뜨릴 것처럼 얼굴에 그리움이 가득했다. 또 기자의 옆 좌석에는 강원도 인제 출신의 중학교 1학년생이 앉아 있었다. DPS 7학년인 그 아이

역시 강원도 인제에서 지난해에 인도로 유학을 왔다고 한다.

자녀를 어떻게 교육시킬까 고민하는 것은 결국 부모의 몫이다. 제대로 된 조기유학을 보내려면 먼저 현지에 대한 정보를 철저히 알고 보내야 한다. 비용이 싸다는 것만으로 유학을 보낼 경우 자칫 아이의 미래를 망칠 우려가 있다. 특히 인도로 조기유학을 보낼 계획이라면, 결정에 앞서 인도의 열악한 사회 인프라를 고려해 반드시 현지 학교를 방문해 볼 필요가 있다.

영어가 공용어인 인도, 부담 적은 교육비

현재 인도에 조기유학중인 한국인 학생 수는 국제학교 한 곳당 20명 정도로, 인도 전역을 통틀어 대략 500명에 달하는 것으로 알려져 있다. 국민소득이 1,000달러도 채 안 되는 인도가 한국 학부모들이 선호하는 조기유학의 새로운 거점으로 인기를 얻고 있는 것이다. 최근에는 1~2년 정도의 단기 어학연수 성격의 조기유학이 많다고 한다.

인도가 각광받고 있는 첫번째 이유로는 사회 전반에 걸쳐 영어를 공용어로 사용하고 있다는 점을 들 수 있다. 인도의 공식어는 힌디어를 비롯해 18개나 된다. 영어는 공식어에 포함되지 않지만 공용어로 사용된다. 신문의 경우도 영자지를 더 많이 볼 정도인데, 이는 다양한 인도의 문화를 익히면서 영어 공부를 할 수 있다는 강점이 된다.

다음으로 상대적으로 저렴한 교육비를 들 수 있다. 인도의 국제학교는 기숙사가 있는 보딩스쿨의 경우 대부분이 학비와 기숙사비를 포함해 연간 5백만~1천 5백만 원 선이어서 미국이나 캐나다 등의 학교에 비해 교육비 부담이 적은 편이다.

인도 유학의 또다른 이점은 인도 전역에 불고 있는 교육열이다. 미국에서도 교육 열풍을 주도하는 학부모들이 한국인에서 친디아(인도+중국) 학부모들로 옮겨 가고 있다고 한다. 미국이나 캐나다에 거주하고 있는 '해외 거주 인도인(NRI, Non-Resident Indians)'의 자녀들이 인도로 유학을 오면서 인도의 교육 열풍에 한몫을 하고 있다.

인도는 여전히 교육의 전통 덕목이 살아 있어 스승을 존경하는 분위기가 지배적이다. 학생들이 영어 수업 등에 적응만 잘 한다면 우리나라보다 덜 '살벌한' 교육 환경에서 공부할 수 있다는 이야기다.

세계 명문학교의 핵심 공부법 10
⋯ 드넓은 세계를 무대로 꿈을 키워라

인도는 영국의 식민 지배를 받은 역사가 있어 다른 아시아 국가에서는 찾아볼 수 없는 전통 있는 사립학교가 많다. 대부분의 사립학교가 100년 이상의 전통을 이어오고 있어 기숙사를 갖추고 있으며, 학비 부담이 적은 편이다. 전통과 역사를 지닌 명문 사립학교의 기숙사에서 생활하며 보내는 학창 시절은 단체 생활을 경험하고 인내심, 절제력 등을 기르는 인성교육을 아울러 할 수 있는 좋은 기회가 될 수 있다. 미국이나 영국 등의 선진국에서 기숙사형 사립학교가 여전히 인기를 끌고 있는 것도 바로 그 때문이다. 게다가 우리나라는 공교육의 붕괴와 맞물려, 외국의 국제학교나 사립학교에서 배우려는 조기유학이 붐을 이루고 있다. 우리나라에서 민족사관고나 한일고, 상산고 등이 강세를 보이는 것도 이런 추세를 반영하는 것이라고 볼 수 있다.

　전 세계 어디를 가든 한국인들을 만날 수 있고, 또 이제는 조기유학생들의 발길이 미치지 않는 곳이 없다. 인도 역시 마찬가지다. 인도 북부 히말라야 산자락의 휴양도시 심라에 위치한 비숍 코튼 스쿨은 1859년 영국의 조지 코튼 주교가 설립했는데, 아시아에서 가장 오래된 기숙사형 사립학교 가운데 하나로 꼽힌다.

멀고 먼 히말라야의 산상학교인 비숍 코튼에도 한국인 학생이 있었다. 이곳의 유일한 한국인 조기유학생인 김현석 군(8학년)은 벌써 4년째 혼자서 공부하고 있었다. "처음 이곳에 왔는데 한국 학생이 하나도 없었어요. 아빠는 한국 학생이 전혀 없는 이곳이야말로 영어와 힌디어를 제대로 배울 수 있는 곳이라고 했지만 처음에는 한국 학생이 없어 외롭고 무서웠어요. 너무 힘들어서 한 일주일 정도를 계속 울었습니다." 김 군은 서울 당서초등학교를 다니다가 5학년 때 이곳으로 유학을 왔다. 어린 나이에 부모를 떠나 인도로 유학을 와서 생활한다는 게 결코 쉽지는 않았을 것이다. 초등학교 5학년이면 겨우 열두 살의 어린아이다.

장래 목표가 외교관인 김군은 힌디어뿐 아니라 프랑스어에도 도전하고 있다. 영어와 힌디어, 프랑스어의 외국어 3가지는 완벽하게 구사하고 싶다고 한다. 이제 중학생인 그에게서 다부진 장래 포부를 읽을 수 있었다. 자신의 포부를 구체적으로 실행하고자 노력하는 모습에서 유학생활을 성공적으로 해내고 있다는 것도 느낄 수 있었다.

김군은 고등학교까지 이곳에서 마치고 대학은 한국에서 다닐 계획이라고 한다. 외교관이 되기 위해서는 외무고시를 봐야 하기 때문이다. 그는 "외교관이 된다면 언젠가는 이곳 인도에 와서 인도와 한국을 위해 좋은 일을 하고 싶다"고 말했다.

영화 「정복자 펠레」는 19세기 무렵 덴마크로 이주해 간 스웨덴의 늙은 노동자와 그 아들의 성장사를 그리고 있다. 덴마크의 시골 항구에 도착했지만 나이가 많아 누구도 일꾼으로 데려가지 않는데, 뒤늦게 나타난 농장주에게 이끌려 간다. 늙은 아버지는 비참한 노동 환경에서 고단한 일상을 벗어날 길이 없다. 그러던 차에 남편이 바다에 나가 1년여 동안 돌아오지 않는 올센 부인과 가정을 꾸리기를 꿈꾸지만 뒤늦게 그녀의 남편이 나타나면서 그의 꿈은 물거품이 되고 만다. 아들 펠레는 노동자를 감시하는 감독관으로 뽑히지만 고심 끝에 이를 거절하고 넓은 세상으로 떠나기로 결심한다. 멀리 떠나지 않으면 시골에서 아버지와 같은 노예의 삶을 살아갈 수밖에 없기 때문이다.

영화는 아버지와 아들이 하얀 눈보라가 치는 겨울 바닷가에서 이별하는 장면을 마지막으로 막을 내린다. 늙은 아버지는 아들을 멀리 떠나보내며 손을 흔드는데, 애잔한 배경음악이 흐르는 마지막 장면을 보면 절로 가슴이 먹먹해진다.

아이는 자라나 언젠가는 부모 곁을 떠나 더 넓은 세상으로 나가게 된다. 그것이 부모 품에서 벗어나 시작하는 인생 여행의 출발이다.

자녀가 세계의 인재들과 호흡하고 인적 네트워크를 통해 글로벌 인재로 자라나게 하기 위해서는 조기유학을 외면할 수만은 없다. 다소 부작용과 문제점이 있더라도 적극적으로 부딪치며 최선의 '대안'을 찾아야만 자녀들을 세계화 시대를 마음껏 영위하는 인재로 만들 수 있다.

글로벌 시대에는 기업이든 국가든 여러 문화를 체험하고 세계적 네트워크를 가진 이른바 '멀티 컬처(multi-culture)' 인재를 절실히 요구한다. '멀티 컬처'란 세계 각국의 문화를 흥미로운 대상으로 받아들이는 문화적 조류를 의미하는데, 글로벌 시대의 새로운 트렌드 중 하나로 꼽힌다.

　조기유학을 통해 드넓은 세상에서 자신을 단련하고 새로운 네트워크를 쌓는다면 세계를 무대로 꿈을 키워나갈 수 있을 것이다. 이것이 '멀티 컬처'의 글로벌 시대를 주도하는 핵심 인재가 나아갈 길이자, '인재 강국'을 추구하는 대한민국이 지향해야 할 생존법이 아닐까 싶다.

인도의 주요 보딩스쿨

학교명	소재지
The International School Bangalore	Bangalore
Pathways World School	Gurgaon
International School Aamby (ISA)	Pune
Indus International School	Bangalore
Good Shepherd International School	Ootacamund
Mayo College	Ajmer
The Doon School	Dehradun
Bishop Cotton School	Shimla
Bishop Cotton School	Bangalore
The Lawrence School	Sanawar
The Lawrence School	Lovedale
Woodstock School	Mussoorie
Kodaikanal International School	Kodaikanal
Hebron School	Ootacamund
Canadian International School	Bangalore
GD Goenka World School	Gurgaon
Jain International Residential School	Bangalore
Mercedes-Benz International School	Pune
Mahindra United World College of India	Pune
Sarala Birla Academy (SBA)	Bangalore
Vidya Sanskar International School	Faridabad
Unision World School	Dehradun

* 자료 출처 : 인도유학닷컴

| Epilogue |

'1% 인재'는 인성교육에 달려 있다

"공부는 무엇보다 의지가 중요합니다. 그런데 그 의지는 오히려 힘든 환경일수록 더 강해지는 것 같아요. 시설이 좋고 규칙이 느슨한 학교에서는 공부가 잘 안 됩니다. 시간이 나면 엉뚱한 생각이 들고 컴퓨터로 게임을 하고 싶어지죠. 규칙이 엄격한 곳일수록 다른 생각을 할 시간이 없어요. 그래서 조기유학을 갈 때 처음에는 스파르타식으로 운영되는 기숙학교에 가는 게 좋다고 생각합니다."

인도의 패스웨이 국제학교(Pathways World School)에서 만난 박동윤 군(10학년)의 말이다. 박군은 인도의 남부 지역에 있는 굿 셰퍼드 국제학교(Good Shepherd International School)에 다니다가 이곳으로 전학을 왔다. 박군은 굿 셰퍼드에서 2년 6개월간 공부했는데 스파르타식 교육이어서 너무 힘들었다고 한다. "마치 우리나라 1970년대 분위기 같았어요. 남학생과 여학생이 한 자리에 앉아 공부를 할 수 없어요. 머리는 빡빡 밀어야 하고요. 기숙사에서는 한 방에서 80명이 공동 생활을 합니다. 마치 해리포터에 나오는 성 같았죠."

그렇다고 힘든 생활을 하소연할 만한 곳도 없었다. 물론 인터넷 사용도 금지되어 있었다. 유일하게 할 수 있는 거라곤 부모님께 편지를 쓰는 것뿐이었다. 조기유학생 대부분이 그렇듯이 박군도 인도로 유학 와서 문화적 충격이 컸다고 한다. 학교에서 싸움도 많이 했다. 생활은 낯설고 힘든 데다 언어(영어) 소통이 잘 안 돼서 수업은 따라가기 힘들었지만 달리 탈출구가 없었다.

그런데 스파르타식 학교에서 2년 반을 지내자 어느새 달라진 자신을 발견할 수 있었다고 한다. 힘든 만큼 자신도 모르게 부쩍 성장해 있더라는 것이다. 박군은 굿 셰퍼드에서 패스웨이로 학교를 옮긴 후 이를 실감할 수 있었다. "패스웨이는 굿 셰퍼드와는 분위기가 완전히 달라요. 이곳은 그야말로 자유롭습니다. 물론 남녀 동석 금지도 없고, 두발도 규제하지 않으니까요. 인터넷도 마음대로 쓸 수 있고요. 수업은 개인 노트북을 이용합니다. 굿 셰퍼드에 비하면 이곳은 천국이죠."

박군은 패스웨이에 와서 그야말로 '날개'를 단 셈이었다. 무엇이든지 적극적으로 도전하고 부딪쳐나갔다. 힘들 때마다 굿 셰퍼드에서 보낸 생활을 떠올렸다. 그때마다 미소를 짓게 되고 도전 욕구가 일었다. 공부든 운동이든 자신감이 생겼다. 박군은 "유학 생활에 잘 적응하면 한국에서 고3 때 겪을 스트레스를 덜 받으면서 외국의 유명 대학에 들어갈 수 있다"면서 "무엇보다 부모님께 감사드린다"고 말했다.

박군의 경우를 보면 조기유학생들은 한국에 있는 학생들보다 더 열심히 공부해야 함을 알 수 있다. 외국 학교에서의 영어 수업에 대한 스트레스는 상상을 초월한다. 기숙사 생활 또한 잠시도 쉴 여유가 없다. 수업이 끝난 뒤에도 방과후 활동과 운동을 해야 하니 말이다. 스스로 힘든 과정을 이겨내고 성취감을 맛보면서 단련하지 않으면 조기유학을 성공으로 이끌 수 없다. 박군은 "공부는 철이 들면 자연스럽게 잘하게 된다"고 제법 어른스럽게 말했다. 그는 미국이나 영국에 있는 대학교에 진학할 계획이라고 한다.

박군의 사례를 통해 알 수 있는 것은 결코 환경이나 시설이 좋다고 해서 조기유학에 성공할 수 있는 건 아니라는 것이다. 조기유학의 성공 여부 역시 모든 일들과 마찬가지다. 학생 자신이 하고자 하는 목표가 명확하고 열의가 있을 때 학생의 의지와 꿈은 탄력을 얻고 질주하게 된다.

여기서 특히 중요한 것은 '부모와의 소통'이다. 유학 초기에는 부모와 떨어져 있는 데다 영어로만 이루어지는 수업, 외국의 낯선 분위기와 문화 등에 두려움을 느껴 심리적 불안감에 시달리게 마련이다. 이 때에는 부모와 편지를 주고받으면서 심리적 위안과 함께 자신의 마음을 다잡는 시간이 필요하다. 이는 조기유학생 스스로 감당해야 할 수련의 과정이라고 할 수 있다.

학생 스스로 해야 하는 '내적 수련'과 함께, 세계적인 명문학교들이 갖추고 있는 독특한 인성교육 시스템이야말로 핵심 인재를 만들어내는 열쇠라고 할 수 있다. 세계적인 보딩스쿨이 명문학교로 자리매김한 데에는 토론을 중시하는 지식교육 시스템과, 다양한 클럽 활동과 기숙사 생활을 통한 인성교육을 중시하는 분위기가 큰 몫을 하고 있다.

명문 보딩스쿨들은 저마다 독특한 인성교육 프로그램을 가지고 있다. 그리고 특색 있는 인성교육의 대부분이 '하우스 시스템'을 통해 이루어진다. 하우스, 즉 기숙사 시스템은 방과후 활동이 이루어지는 거점 역할을 한다. 영국의 명문학교인 톤브리지 스쿨의 경우 기숙사에서 지내는 학생이든 집에서 통학하는 학생이든 전체 학생이 하나의 '하우스'에 소속되어 있다. 수업 이외의 학교 생활이 '하우스'를 중심으로 이루어지도록 하기 위해서다. 하우스마다 다른 문화가 있어, 학생들은 자신이 속한 하우스의 전통과 문화에 자부심을 갖고 페스티벌과 아트, 스포츠 등을 통해 서로 경쟁한다. 또한 각 하우스마다 교사(사감)들이 배치되어 있어 학생들의 감성교육을 담당한다. 사감들은 학생들의 방과후 활동과 종교 활동을 통해 부모들이 해주지 못하는 인성과 감성교육을 주관한다. 교실 수업이 지식교육이라면 하우스 수업은 인성교육인 셈이다.

조기유학의 가장 큰 문제점 가운데 하나는 바로 어린 학생이 가족과 오랜 기간 떨어져 생활해야 한다는 것이다. 이산가족의 형태인 기러기 엄마나 기러기 아빠는 결코 바람직한 대안이 될 수 없다. 부부 관계뿐만 아니라 자칫 부모자녀 관계까지 위기에 처할 수 있기 때문이다.

따라서 아름다운 자연이 있고 엄격한 규율과 기숙사가 제공되는 '보딩스쿨'이 하나의 대안이 될 수 있다. 자녀가 제대로 된 보딩스쿨에 다닌다면 기러기 아빠와 같이 부모가 불안하고 위태로운 생활을 할 필요가 없을 것이다. 자녀들 또한 잘 갖춰진 교육 환경에서 마음껏 꿈을 꾸며 미래를 설계할 수 있을 것이다.

'드넓은 대자연의 캠퍼스에서 공부와 운동, 방과후 클럽 활동을 마음껏 할 수 있다면 얼마나 좋을까.' 필자는 세계의 명문학교들을 취재하면서 문득 청소년 시절로 되돌아가고 싶은 생각이 들었다.

이제 막 꿈을 향해 첫발을 떼려는 청소년들에게 말해 주고 싶다. 훗날 그 어떤 아쉬움도 남지 않도록 꿈을 위해 지금의 모든 의지와 열정을 다하라고. 어디서, 어떤 환경에서 공부를 하든……

〈세계의 명문학교를 가다〉 취재 때 초등학교 6학년인 아들(재욱)과 동행했다. 인터뷰 때에는 옆자리에 앉게 해 내용을 직접 수첩에 적게 했다. 살아 있는 공부는 직접 보고 듣는 게 제일이라는 생각에서다. 인도 심라의 비숍 코튼 스쿨을 방문했을 때 이 학교에 재학중인 김현석 군(오른쪽)과 아들 재욱이 함께 포즈를 취했다.

| 부록 |

전문가가 말하는
조기유학 성공의 조건

전문가 조언 1

가능하면 기숙사형 사립학교(보딩스쿨)에 보내라

교육에는 정답이 없는 것 같다. 그래도 모범 답안이라도 찾고자 애쓰지만 그나마도 쉽지 않다. 그렇다고 노력을 멈출 수도 없고, 또 멈추어서도 안 된다. 교육은 그만큼 난제이면서도 중요한 과제다.

지금은 글로벌 시대다. 글로벌 시대의 교육에는 이 난제에다 또 한 가지 과제가 추가된다. 바로 국내만이 아니라 글로벌 무대에서 활약할 수 있는 자질을 추가로 갖춘 인재를 길러내야 하는 것이다. 이는 먼 일이 아니라 바로 당장 눈앞에 닥친 현실이다. 한·미 FTA 협상이 우여곡절 끝에 타결되었고, 한·유럽연합(EU) 협상이 진행중이다. 바야흐로 그동안 보호되고 단절되었던 보호막이자 장벽이 열리면서, 이제 교육도 외국어 의사소통 능력을 바탕으로 다양한 문화에 대한 이해력을 높이는 교육으로 전환되어야 할 시점이 된 것이다.

지금의 조기유학 추세는 바로 이러한 글로벌 시대의 도래에 따른 글로벌 인재 육성의 필요성에다 한국인 특유의 높은 교육열, 그리고 남보다 더 좋은 교육을 시키고 싶은 상대적 경쟁심이 한데 어우러져 만들어낸 것이다. 얼마 전 조사에서 학부모들의 과반수가 기회만 된다면 자녀들을 조기유학 보내고 싶다고 밝혔다. 가히 열풍이라고 할 수도 있고, 어쩌면 우리 교육의 위기라고 볼 수도 있다.

조기유학은 우리 교육의 정답이 아니다. 게다가 조기유학의 밝은 빛 뒤에는 어두운 그림자가 있고, 성공 뒤에는 실패가 있으며, 기러기 아빠와 가정 해체라는 사회적 문제도 도사리고 있다. 그럼에도 불구하고 많은 어린 학생이 조기유학을 떠나는 것은 유학에서 희망을 보기 때문이다. 흔히 비전이라고 하는 것을. 인간은 희망으로 산다. 희망은 우리를 나아가게 하는 가장 큰 원동력이다. 그러나 희망은 때로 우리에게 실망을 안겨주기도 한다. 조기유학이 그렇다.

만약 내 자녀교육의 모범 답안을 조기유학에서 찾았다면 그 다음에는 어떻게 하는 것이 좋을까. 조기유학을 보내려면 고학년보다는 저학년 때 보내는 것이 좋다. 고학년이 되어 유학을 가는 경우 현지에서 졸업하는 길 말고는 선택의 여지가 거의 없다. 그러나 저학년의 경우 현지 적응 상태를 고려해 여러 가지 선택을 할 수 있다. 영어 습득을 주목적으로 한 1~2년의 단기 유학을 생각해 볼 수도 있고, 현지 부적응 시의 조기 귀국을 고

민해 볼 수도 있으며, 귀국 후 복학과 대입 준비 등에 충분한 시간과 여유를 가질 수도 있다.

무조건 명문학교를 선택하기보다는 자녀의 학업 능력과 성향에 맞는 학교를 선택하는 것이 중요하다. 한국은 학교가 평준화되어 있어 선택의 여지가 별로 없지만, 유학을 가는 경우 학교의 특성이 다양한 만큼 선택의 폭도 넓다. 그럼에도 불구하고 우리나라 학부모나 학생 들은 처음부터 소위 명문학교, 특히 성적에 집착한다. 충분히 그럴 수 있는 일이다. 그러나 역설적인 것은 한국의 교육이 못마땅해 유학을 떠났으면서도 유학 간 나라에서 한국의 교육 방식을 답습한다는 데 있다.

여건이 된다면 가능한 한 보딩스쿨(기숙학교)에 보내되, 경제적 여유가 있다면 미국과 영국, 캐나다에서도 명문대 진학률이 높은 세계적인 보딩스쿨(이 책 마지막에 실린 '글로벌 보딩스쿨 톱 50' 표 참조)에 보내는 것이 유리하다. 명문학교에 다니는 학생들은 자신의 인생 목표에 대한 열정으로 눈빛부터 다르다.

보딩스쿨은 유학의 본목적에 가장 부합하고, 부모님이 자녀와 동반할 필요가 없으므로 가정 해체의 위기를 피할 수 있다. 보통 보딩스쿨은 8-8-8시스템으로 구성되어 있다. 8시간의 학습, 8시간의 과외 활동, 8시간의 휴식이 균형을 이루고 있어 학생의 학업 집중도가 높고, 다양한 과외 활동이 가능하면서도 충분히 휴식을 취할 수 있어 학생에게 과부하가 걸리지 않는다.

기숙사 생활을 하면 우선 통학 시간이 절약되고 그만큼 몸이 덜 지쳐서 여유 시간을 보다 생산적인 일에 활용할 수 있다. 아침 통학에 시간을 들이는 대신 운동으로 건강을 다지고, 맑은 정신으로 그날 학습할 내용을 예습할 수 있다. 오후 통학 시간은 방과후 시간과 연계해서 통학생들은 경험하기 힘든 스포츠, 음악, 클럽 활동 등 다양한 과외 활동을 하는 데 활용할 수 있다. 친구들끼리 또는 교사와 함께 미처 이해하지 못한 수업 내용을 공부하거나 복습하면서 추가적인 도움과 지원을 받을 수도 있고, 대입 전형에 필수인 지역사회 봉사 활동의 기회도 가질 수 있다. 무엇보다 방종, 탈선의 우려가 줄어 학부모들이 마음을 놓을 수 있다.

보딩스쿨의 생활과 시스템은 학생이 시간을 헛되이 흘려보내지 않고 체계적으로 관리할 수 있는 능력을 키워준다. 또한 학생은 부모와 떨어져 독립된 생활을 하기 때문에 어린 시절부터 자신감과 더불어 독립심을 기를 수 있다. 뿐만 아니라 집에서는 부모이기 때문에 하기 힘든 훈육도 보딩스쿨은 교육기관으로서의 전문성과 권위를 가지고 할 수 있다. 한두 자녀밖에 없고 공동 생활의 기회도 별로 없는 한국의 가정과 교육 현실에 비추어 볼 때 교육적 훈육과 자신감·독립심 함양은 보딩스쿨 생활을 통해서 얻을 수 있는 보이지 않는 자산으로, 일반 유학을 통한 외국어 습득이나 문화적 체험보다 더 소중한 것이다.

더불어 보딩스쿨에서는 다양한 국가와 문화적 배경을 가진 학생들과의 교류를 통해 언어를 빨리 습득할 수 있고 돈독한 교우 관계도 맺을 수 있다. 대부분 같은 학년 또는 같은 또래 학생들이 함께 생활함으로써 서로 긴밀히 상호교류할 수 있고 미래지향적인 견고한 관계를 형성할 수 있다. 또한 공동 생활을 하기 때문에 팀원으로서의 가치 인식과 리더십을 배우고, 그 과정에서 학생 자신의 의사 결정 능력도 키울 수 있다.

주의할 점은 도피성 유학은 대안이 아니라는 것이다. 한국에서 학습이 부진했다고 해서 유학 가서도 마찬가지라는 법은 없다. 오히려 공부를 잘하는 경우도 많다. 교육 방법과 평가 방법이 다르기 때문이다. 그러나 전혀 노력하지 않거나 의욕이 없는 학생은 유학을 가도 결과는 마찬가지다. 부모님의 관심과 따뜻한 품 안이 자녀에겐 가장 좋은 배움터다.

조기유학은 정답이 아닌 하나의 대안일 뿐이다. 하늘은 우리에게 제한된 시간과 재물만을 허락했지만, 그것을 어떻게 활용할 것인지에 대한 결정권은 우리에게 주어져 있다. 현명한 결정으로 각자에게 맞는 모범 답안을 찾아야 한다.

김태균_ 인도유학닷컴 대표

전문가 조언 2

'무리한 도전' 아닌 '무한 도전'이 되게 하라

너도나도 조기유학 열풍에 휩쓸리고 있다. 2007년 한 해만 해도 2만~3만 명 정도의 학생이 청운의 꿈을 안고 조기유학을 떠났다. 아이를 가진 부모에게 '조기유학'은 이제 친근한 단어가 되었다. 그러나 조기유학의 뜻을 지닌 학부모들과 상담하다 보면 준비 과정에서 사소한 점을 간과해 낭패를 보았던 경우를 종종 듣게 된다. 조기유학이 성행하는 만큼 듣는 정보는 많지만 그중에서 핵심을 골라 준비하기란 여전히 어렵기 때문이다. 영국으로의 조기유학을 준비할 때 가장 중요하게 점검해야 할 네 가지 포인트를 제시하겠다.

첫째, 내 아이가 유학을 가고 싶어하는가.

한국 학생들이 외국에서 살다 보면 문화적 충격을 많이 받는다. 영국에서는 도로 위 자동차들이 좌측 통행 하는 것부터 시작해 한국과 전혀 다른 교육 방식을 접하는 것까지 다양한 문화를 체험하면서 어려움을 겪기도 한다. 문제는 이런 어려움을 학생 스스로 헤쳐나가야 한다는 것이다. 무엇보다 아이들이 유학 생활에 잘 적응하기 위해서는 나와 다른 사람에 대한 적극적인 이해, 그리고 또래 집단과 잘 융합하고 조화될 수 있는 사회성이 절대적으로 필요하다. 그렇기 때문에 부모의 욕심으로 아이에게 유학을 강요하기보다는 학생에게 자발적 의지와 동기를 심어주는 것이 더 중요하다고 할 수 있다. 아이가 한국의 교육제도에서 경험하지 못한 다양한 문화를 체험하고, 나아가 공부에 대해 흥미를 느낀다면, 조기유학은 이미 절반은 성공한 것이라고 볼 수 있다.

둘째, 내 아이의 객관적인 능력을 제대로 파악하고 있는가.

좋은 사립학교에 들어가기 위해서는 현재 재학중인 학교에서의 성적이 중요한 평가 요소가 된다. 영국 학교들은 학생의 지난 2~3년간의 생활기록부, 성적표 등을 입학 등록 때 요구한다. 또 교사들의 추천서나 학생의 리더십 등이 학생의 입학 여부를 결정하는 데 중요한 평가 지표가 된다. 영어, 과학, 수학 등은 영국에서도 기초 핵심 과목이기 때문에 한국에서 충분한 자질을 보인 학생이 뛰어난 성과를 거둘 수 있고 영어로 인한 학력 차이를 최소화할 수 있다. 그러므로 이에 대한 세심하고 객관적인 평가가 필요하다.

셋째, 어학 준비는 미리 하고 있는가.

영국 유학을 생각할 때 가장 중요한 문제는 '어학'이다. 영어 실력이 뒷받침되어야 현지 교육 과정을 따라가는 데 어려움이 없고, 나아가 친구들과의 의사소통도 가능하기 때문이다. 많은 학생이 영국에 도착해서 겪게 되는 가장 큰 어려움 역시 어학이라고 할 수 있으므로, 유학을 생각한다면 적어도 1년 전부터는 꾸준히 기초영문법과 회화를 공부해야 한다. 영국 정통 영어에 익숙해지기 위해 영국인에게 직접 교습을 받는다면 더할 나위 없을 것이다.

넷째, 장기적인 안목으로 유학의 시기를 결정했는가.

아이의 나이가 어릴수록 언어 습득 능력이 높고 시간적으로도 여유를 가질 수 있어 어학 문제에서 한결 자유롭다. 특히 Year 6(만 10세) 이하는 영어 연수 과정이나 국제학교 과정을 거치지 않고 바로 본과정(main stream)에 들어가는 경우가 많아 상급학교 진학 시 유리할 수 있다. 또 유학 생활에서 나타나는 문제점들을 어릴 때부터 경험하면서 대처 능력도 함께 기를 수 있다는 장점이 있다. 특히 영국에서 의과 과정을 밟으려고 할 경우에는 일반적으로 좀더 어린 나이에 준비를 시작해야 한다. 영국 유학은 길게는 1년, 짧게는 4~5개월 정도 여유를 두고 준비해야 하며 이튼(Eaton)이나 해로(Harrow) 같은 명문학교는 입학하기 3~4년 전에 미리 원서를 내고 시험을 보기 때문에 충분한 준비 기간이 필요하다.

　이외에도 영국의 교육 제도나 학사 일정과 관련해 아이의 특성에 맞춰 이야기해 줄 수 있는 조언자를 만나는 것이 매우 중요하다. 전문 유학원이나 현지 유학을 경험한 학생·학부모 등과 이야기를 나눠보고 그들의 조언을 듣는 것도 좋은 방법이다.

　유학을 보낸다고 해서 내 아이가 엘리트가 되는 것은 결코 아니다. 이런 희망을 진짜 현실로 만들기 위해서는 부단한 준비 과정과 부모의 정성 어린 관심이 필요조건이라는 것을 명심하자. 성공적인 유학은 시작이 아닌 준비가 반이다. 그리고 부모와 아이 모두 올바른 관점으로 준비해야 '무모한 도전'이 아닌 더 넓은 세상을 향한 '무한 도전'이 될 수 있다.

서동성_ 런던유학닷컴 대표

전문가 조언 3

'상위 5% 메이저그룹'과의 네트워크를 만들어라

캐나다의 교육 수준과 대학 진학률은 세계 1위다. 교육 수준은 토론토가 미국의 보스턴, 뉴욕과 함께 교육도시로서 맥락을 같이한다. 하지만 캐나다의 공교육은 우리가 찾고 원하는 형태의 수업의 질과 수준을 갖고 있지 못하다. 많은 캐나다 현지인들이 사립교육에 더 큰 비중을 두고 있는 것도 그 때문이다. 하긴 한국식 교육은 세계 어디에서도 유례를 찾아보기 힘드니 어떤 것이 정상이고 비정상인지는 여러분의 판단에 맡기고 싶다.

캐나다 교육의 장점은 사립학교뿐만 아니라 공립학교 역시 학급당 학생 수가 적다는 것과 학습 성취도가 높다는 데에만 있지 않다. 무엇보다 캐나다 교육은 학생들의 '참여'에 많은 비중을 두고 있고 사립학교, 특히 명문 사립학교는 이런 기회를 더 많이 제공한다.

그렇다면 왜 우리나라 학부모들은 영어권 국가로의 조기유학에 열의를 갖는 것인가? 좀더 구체적으로는 우리가 지금의 직업을 가지고 사회 생활을 하면서 가장 크게 맞닥뜨리는 벽은 무엇인가? 그것이 우리 자녀들이 글로벌 시대의 리더로서 다양한 문화와 교육을 경험하며 세계의 공통 언어인 영어를 통해 인적 네트워크를 쌓게 하고자 하는 가장 큰 이유 중 하나일 것이다.

캐나다의 명문 사립학교에서는 한국 학생들이 매우 좋은 평가를 받고 있고, 리더로서 우수한 평가를 받는 학생도 많다. 몇몇 사립학교의 학생회장이 한국계인 것이 이를 증명한다. 그렇다면 이러한 명문 사립학교가 지닌 장점은 무엇일까.

첫째, 창의성과 능동적인 교육 방식을 들 수 있다. 우리나라의 어지간한 대학만큼이나 크고 좋은 학습 기자재 및 체육 시설, 교사당 적은 학생 수, 컴퓨터를 통한 모든 교내 네트워크와 인프라의 구성, 이런 교육 환경이 우리 아이들의 가장 좋은 두뇌를 움직이게 하고 동기 유발을 하는 원동력이라고 생각한다. 우리의 교육 환경이 아이들을 얼마나 수동적이며 획일적인 교육 속에 가두어두는지 여러분도 공감할 것이다.

둘째, 협조적이며 참여적인 사회성을 들 수 있다. 앞서 언급한 참여 교육을 통해 명문 사립학교의 학생들은 학업뿐 아니라 다양한 과외 활동에서 협조적인 사회성을 체득하게 된다는 것이다. 과외 활동을 통한 교육의 기회는 사립학교들이 공립학교에 비해 월등히 많고, 기숙사의 경우 전문 선생님들이 24시간

학생들과 동고동락하며 학습과 관련된 것 이외에도 많은 기회를 제공한다.

셋째, 네트워크다. 이곳 북미의 상위 5% 메이저 그룹들은 그들끼리의 네트워크가 매우 긴밀하게 구축되어 있다. 그렇기 때문에 우리 아이들이 그 사이에 끼어들기 힘든 것이고, 아무리 우리 민족이 국민소득 2만 달러 시대에 들어섰다고 해도 그들 사이에선 주눅이 들기 마련이다. 기숙사 생활을 통한 학생들간의 친밀감 또한 북미와 전 세계에서 내로라하는 집안의 자녀들과의 인적 네트워크를 구성하는 데 한몫을 하고 있다. 이런 네트워크를 우리 아이들이 동문이란 테두리에서 얻을 수 있다면 한번 시도해 볼 만하지 않을까 생각한다.

물론 많은 비용을 부담해야 하는 어려움과 명문고에 들어가기 위한 어려움이 따르겠지만, 우리 자녀들에게 기숙사 생활을 통한 이런 교육의 기회를 주고 싶은 것이 필자의 바람이다. 이는 우리 꿈나무들을 심혈을 기울여 가꾸고 키워나가는 부모와 교육자의 마음이며, 미래에는 한국이 세계의 중심이 되기를 바라는, 멀리 사는 동포로서의 간절한 마음이다.

김진철_ 토론토유학원 원장

전문가 조언 4
1~2년 단기 조기유학을 먼저 활용하라

요즘 조기유학을 준비하는 학생들의 학년이 점차 낮아지고 있다. 여러 가지 이유가 있겠지만, 작년까지와는 달리 최근에는 중학생과 초등생의 조기유학 희망자 비율이 급격히 변하고 있다. 다시 말해 1월에 개학해 12월에 방학을 하는 오스트레일리아는 한국과의 학년 이동도 용이하고 한국으로 돌아왔을 때에도 적응이 쉽다는 부모님들의 판단 아래 초등학교 저학년층의 오스트레일리아 조기유학이 확대되고 있다.

이를 뒷받침이라도 하듯 주한 오스트레일리아 대사관 교육부의 발표에 따르면, 오스트레일리아의 명문 사립학교들을 중심으로 초등학교 저학년의 입학 정원이 모자라 유학생을 받아주지 못하는 경우가 급격히 늘고 있다고 한다. 그 때문에 엄마가 초등학생 자녀와 함께 오스트레일리아로 가는 경우도 더불어 많이 생겨나고 있고, 이 과정에서 만나게 되는 첫번째 문제가 바로 '어떤 학교를 갈 것이냐' 하는 선택의 문제다.

오스트레일리아의 학교는 크게 공립학교와 사립학교로 나뉘고 남녀공학, 남학교, 여학교, 기숙사를 제공하는 학교, 홈스테이를 추천하는 학교, 기숙사에 들어가는 조건으로 입학을 허가하는 학교들로 구분할 수 있다.

공립학교가 좋으냐 사립학교가 좋으냐라는 질문은 사실 큰 의미가 없다. 공립이건 사립이건 학교에 따라 편차가 크기 때문에 일률적으로 말하기가 어렵기 때문이다. 그렇지만 대부분의 사립학교가 공립에 비해 교육 시스템이나 강사진, 학급 인원 대비 교사의 숫자 등의 교육 여건이 우수한 경우가 많다. 대부분의 사립학교에서는 학생의 한국 생활기록부의 평가를 참고해 학생을 선별적으로 받고 있으며, ESL(비영어권 영어 지원 프로그램) 시스템을 운영하거나 '초등학생 영어 적응 프로그램(Primary Preparation Program)'을 운영하는 학교도 있다.

공립 중고등학교의 경우 SSPP(Secondary School Preparation Program, 영어 집중 과정+교과별 영어 과정)를 운영하는 학교들이 있고, 사립 중·고등학교 중에는 이와 유사한 과정인 HSPP(High School Preparation Program)를 운영하는 학교들이 있다.

대부분의 학교가 유학생을 위한 영어 집중 과정을 운영하지 않으므로, 이러한 과정을 운영하는 학교를 선택하는 게 무엇보다 중요하다. 물론 공립학교 중에서도 ESL이나 SSPP를 운영하는 학교는 몇 되지 않는 것이 현실이다. 그러므로 영어 실력이 부족한 학생의 경우, 처음 입학할 때는 영어 집중 과정을 운영하는 학교 중에서 선택을 하고, 영어 집중 과정이 끝난 후에 다른 학교로 옮기는 것을 고려해 보아야 한다.

학비는 공립학교의 경우 오스트레일리아달러 기준으로 연간 8,000~10,000A$ 수준으로, ESL이나 SSPP의 학비는 정규 학비 외에 추가적으로 납부해야 한다. 하지만 사립학교의 경우는 1년 학비에 ESL이나 SSPP 비용이 포함돼 12,000~20,000A$ 정도다. 또한 사립학교는 학교간의 학비 편차가 크다.

6학년 이하의 자녀를 공립학교에 입학시키려는 경우 꼭 알아두어야 할 점은 오스트레일리아 주정부에 따라 공립학교로는 입학이 허용되지 않는 지역이 있다는 것이다. 아울러 공립학교의 입학 시에는 어느 지역이든 3촌 이내의 직계 보호자가 동반해야 한다는 교육청의 권고 사항도 따라 붙는다. 이러한 규정 역시 사립학교로의 입학을 부추기는 데 한몫을 하는 것으로 보인다.

부모 없이 학생 혼자 오스트레일리아로 유학을 갈 경우에는 사립학교로 가야 한다. 이때 학생은 학생 비자를 신청하고, 학교는 학생의 복지를 책임진다는 문서(Wellfare Letter)를 이민성 또는 한국 대사관에 제출해야 한다. 이 서류 제출이 완료되어야만 비자가 승인된다. 학교는 학생에게 기숙사를 제공하거나 홈스테이 수속을 대행해 주며, 홈스테이 수속을 대행할 경우 학생이 묵게 될 집을 직접 방문하여 방, 책상, 침대, 식생활, 가정의 안정성 등을 체크한 후 웰페어 레터를 발행한다. 비자를 신청하고 받기까지 약 2주가 걸리지만 준비 기간은 4주 정도가 필요하다.

오스트레일리아는 한국과는 달리 여러 도시에 명문 학교들이 흩어져 있다. 한 도시, 특정 지역에 좋은 학교들이 모여 있는 형태가 아니다. 영국『더 타임즈』지에서 매년 발표하는 세계 100대 대학 중 10개 정도의 대학이 오스트레일리아 대학인데 이들 10개 대학 또한 한 도시에 있지 않고 여러 도시에 흩어져 있다. 다만 최근의 동향을 보면, 한국인의 비율이 매우 높은 시드니 지역과, 겨울철(7월~8월)에 비교적 추운 멜버른 지역보다는 애들레이드, 브리즈번, 퍼스 지역을 선호하는 경우가 늘고 있는 상황이다. 특히 골드코스트와 인접해 있는 브리즈번은 주 5회 한국과의 직항 노선이 있고, 300개 이상의 학교가 포진해 있다. 특히 브리즈번은 인근의 골드코스트에서 스포츠와 같은 방과후 활동도 할 수 있고, 주말 여가도 보낼 수 있기 때문에 평가가 점차 좋아지고 있다.

다만 브리즈번의 명문 사립학교들은 입학 경쟁이 비교적 치열해 유년기 시절에 학교 입학을 미리 예약하는 경우가 많다. 따라서 유학생의 경우라면 6개월에서 1년 전에는 예약을 마치는 것이 중요하다.

고준원_ 도움교육정보 실장

전문가 조언 5

중국어를 잘해도 영어가 서툴면 인재로 대접받지 못한다

중국으로의 조기유학이 미국에 이어 2위를 차지하고 있다. 그렇지만 막연한 동경으로 조기유학을 희망해 중국을 염두에 두는 학부모들이 있다면 이제부터라도 중국 조기유학의 실태를 파악하고 철저히 대비하라고 말하고 싶다.

먼저 강조하고 싶은 것은, 중국에서 중·고등학교를 마친 경우라면 대학은 한국이나 영어권 국가의 대학에 진학하는 것이 중국에서 계속 대학을 다니는 것보다 경쟁력이 있다고 할 수 있다. 중국에서도 영어를 모르면 대기업에 취업할 수 없다. 단순히 중국어만 잘해선 개인 사업 말고는 그다지 할 것이 없다는 말이다. 영어는 기본으로 해야 하고 아울러 중국어도 잘해야 하는 것이다. 중국으로 자녀를 조기유학 보내려는 한국 학부모들은 이를 반드시 명심해야 한다. 미국인 학생들이야 영어가 모국어이기 때문에 중국 유학이 좋은 선택일 수 있지만, 우리나라 학생들은 결코 그렇지 않다. 먼저 영어를 배우고 중국어를 병행해서 배워야 하는 이중고를 안고 있는 셈이다. 중국에서 장차 사업을 할 생각이어서 앞으로의 인맥을 중요하게 생각한다면,

대학은 한국이나 다른 외국에서 다니고 대학원을 중국에서 다니는 것이 유리하다.

중국이라도 유명 대학의 경우에는 학생의 학업 능력과 교수의 질적 수준이 높은 것이 사실이지만 대학의 교육 환경이나 수준은 외국인 학생들이 느끼기에는 아직 매우 열악한 실정이다. 물론 이런 열악한 환경에서라도 본인이 많은 노력을 기울여 현지 대학생들과 어울리고 현지 대학에 적응해 무난히 졸업할 수 있지만, 이러한 경우 노력에 비해 그 성취의 결과가 너무 작다고 할 수 있다. 중국보다 교육 환경이 더 좋은 다른 외국에서라면 그만한 노력으로 더 좋은 결과를 얻을 수 있기 때문이다.

"그래도 한국에서 대학도 못 가고 말 바에야 한국에서와 같은 비용이 든다면 중국 유학이라도 해서 대학을 다니는 것이 훨씬 낫지 않은가?" 이 말은 우리 학부모들에게 복음(?)처럼 들릴지도 모르겠다. 미국이나 유럽으로의 유학은 비싼 학비 때문에 엄두를 못 내는 한국 부모의 생각으로는 일견 그럴듯해 보이는 의견이다. 중국은 일단 외국인 학생에게는 자국민에 비해 터무니없이 비싼 학비를 요구하지만, 한국과 비교하면 거의 비슷한 수준의 등록금만 내면 어지간한 학교에는 다 들어갈 수 있다. 특히 세계적인 명문대학인 북경 대학이나 청화 대학, 복단 대학

등도 외국인 특별전형으로 한국인들끼리만 경쟁하면 들어갈 수 있기 때문이다.

두번째로 말하고 싶은 것은, 중국의 대학이나 교육자들이 한국인 학생들을 크게 키워낼 준비가 전혀 되어 있지 않다는 데 문제의 심각성이 있다는 것이다. 중국의 대학생들은 정해진 시간표에 따라 일률적으로 고등학교 시절과 비슷하게 엄청난 주입식 교육을 받는다. 따라서 중국에서는 교육선진국에서 받을 수 있는 그런 창의적인 교육은 기대할 수 없다. 특히 자국민도 아닌 외국인, 특히 한국인에게는 더욱 그러하다. 중국의 중·고등학교와 대학은 우리나라 사람들이 일반적으로 생각하는 그런 대학 교육의 풍토를 갖고 있지 못하다. 근본적으로 중국은 인격 함양 등에 교육 목표를 두고 있지 않다. 수업은 거의 콩나물시루 같은 교실에서 천편일률적으로 이루어질 뿐이다.

세번째로 유의할 점은, 한국인 유학생들은 중국인들과 기숙사도 같이 쓰지 못하고 수업마저도 외국인(주로 한국인)들끼리만 따로 받게 되는 경우가 대부분이라는 것이다. 중국의 중·고교나 대학교 대부분이 이렇듯 차별적으로 학교를 운영한다. 중국에 와서 중국인들과 함께 기숙사 생활도 하지 못하는 데다 수업까지 따로 받아야 한다면 굳이 중국까지 가서 공부할 이유가 있겠는가? 무늬만 중국 유학인 셈이다. 게다가 기숙사 역시 아파트를 빌려 사용하고 있는 곳이 많고 체계적으로 운영되지 않아 규율이 지켜지지 않는 곳이 대부분이다.

네번째는 학교 운영이 엄격하다는 것이다. 낙제생은 가차 없이 중도탈락되고 만다. 중국의 대학에 들어간 한국 학생들은 대부분 중국인들과 함께 공부하는 본과에서 탈락하는 경우가 많다고 한다.

중국의 교육 환경에 대한 충분한 이해도 없이, 철저한 준비나 각오도 없이 '교육 여건이 워낙 안 좋은 한국보다는 낫겠지……' 하는 막연한 기대감으로 중국에 조기유학을 오게 되면 그야말로 최악의 상황을 맞이할 수도 있다.

마지막으로, 중국은 외국인 학생을 위한 배려 같은 것은 안중에도 없다는 점을 말하고 싶다. 단적인 예로 한국 유학생들은 군 입대를 위해 휴학을 하려고 해도 중국에서는 휴학 기간이 1년밖에 안 돼 중도에 휴학을 하고 군대에 갈 수 없다. 중국에서 대학에 다니려면 군대는 아예 대학을 마치고 가든지 대학에 들어가기 전에 다녀와야 한다. 중국은 한국 유학생들에게 이러한 편의조차 봐주지 않는다.

그들은 교육도 일종의 장삿속으로 한다. 그렇기 때문에 외국인에 대한 배려는 티끌만큼도 찾아보기 힘들다. 비싼 등록금을 받는 미국이나 유럽의 학교들도 중국의 학교와 어느 면 비슷하다고 할 수 있다. 그들에게 언어의 핸디캡을 가진 외국인에 대한 배려는 전혀 없다는 사실을 깊이 새겨야 한다.

3~4년 이상 중국에서 학교를 다닌 한국인 조기유학생들을 조사해 보면, 대부분이 첫번째로 희망하는 대학이 한국이나 중국이 아닌 다른 외국의 대학이다. 하지만 이러한 희망이 본인의 실력이나 유학 비용 등 금전상의 이유로 이루기 어려워졌을 때 보통은 중국의 대학을 선택하게 된다. 하지만 중국의 유명 대학을 졸업해도 한국의 웬만한 대학을 졸업한 것보다 훨씬 좋지 않은 대접을 받게 된다.

그리고 정식 본과생이라 하더라도 그냥 졸업증을 받는 경우와 학사학위증을 받는 경우가 서로 다르다. 우리나라 대학에서는 졸업장을 받으면 학사학위를 받은 것이지만, 중국에서는 졸업장을 받았다고 해서 학사학위를 취득한 것이 아니다. 졸업장과 학사학위증은 별개다. 학사학위증을 받으려면 학사학위 시험을 다시 통과해야만 한다. 실제로 우리나라 학생이 중국에서 학사학위증을 받는 경우는 많지 않다.

그러나 이런저런 연유로 많은 우리나라 학생들이 중국으로,

중국으로 가고 있다. '설마 한국의 시시한 지방대학을 다니는 것보다 그래도 북경대나 청화대 졸업장이 훨씬 더 낫겠지……' 하는 막연한 기대감을 안고서 말이다.

  결론적으로 말하자면, 중국으로 조기유학을 가고자 한다면 중·고교 과정은 중국에서 밟되 대학교는 미국 등의 영어권 국가에서 공부하는 게 유리하다. 영어는 모르고 중국어나 일본어를 잘하는 것은 절름발이에 불과하다. 세상은 영어도 잘하고 중국어도 잘하는 인재를 원하기 때문이다. 거듭 강조하지만 중국어 하나만으로는 중국에서나 한국에서나 결코 대접받는 인재가 될 수 없다.

김준봉_ 베이징공업대학 교수, 한중미래경영연구소장

글로벌(미국, 영국, 캐나다) 보딩스쿨 톱 50

명문대 기준 : 미국(US)은 Ivy League & MIT & Stanford, 영국(UK)은 Oxford & Cambridge, 캐나다(CA)는 McGill & Toronto 대학교 기준. 프렙리뷰닷컴 선정, 2005년 기준.

순위	보딩스쿨	소재지	명문대 진학률	학생 연령	국가
1	Westminster School	London	46%	12-19	UK
2	St. Paul's School	New Hampshire	40%	14-18	US
2	Milton Academy	Massachusetts	32%	14-18	US
4	Groton School	Massachusetts	31%	13-18	US
5	Phillips Andover Academy	Massachusetts	31%	14-19	US
6	St. Paul's School (UK)	London	30%	7-19	UK Boys' School
6	Winchester College	Winchester	30%	13-18	UK Boys' School
8	Eton College	Windsor	29%	13-18	UK Boys' School
9	Nobles and Greenough School	Massachusetts	29%	14-18	US
10	Phillips Exeter Academy	New Hampshire	28%	14-19	US
11	Deerfield Academy	Massachusetts	27%	14-19	US
12	Wycombe Abbey School	High Wycombe	25%	11-18	UK
13	Hotchkiss School	Connecticut	25%	14-19	US
14	Middlesex School	Massachusetts	24%	14-18	US
15	Lawrenceville School	New Jersey	23%	14-19	US
16	Upper Canada College	Ontario	23%	14-19	CA Boys' School
17	Sevenoaks School	Sevenoaks	20%	11-19	UK
18	Badminton School	Bristol	20%	4-18	UK Girls' School
19	Charterhouse School	Godalming	20%	13-18	UK
20	Tonbridge School	Tonbridge	20%	12-19	UK Boys' School
21	Choate Rosemary Hall	Connecticut	20%	14-19	US
22	Bishop Strachan School	Ontario	19%	13-18	CA Girls' School
23	Thacher School	California	18%	14-18	US

24	Hockaday School	Texas	18%	13–18	US Girls' School
25	Taft School	Connecticut	18%	14–19	US
26	Havergal College	Ontario	18%	14–18	CA
27	Cheltenham Ladies College	Cheltenham	17%	11–18	UK Girls' School
28	Harrow School	Harrow	17%	13–18	UK Boys' School
29	Radley College	Abingdon	16%	13–18	UK Boys' School
30	Fettes College	Edinburgh	16%	7–18	UK
31	Webb School	California	15%	14–18	US
32	St. Andrew's School	Delaware	15%	14–18	US
33	Loomis Chaffee School	Connecticut	15%	14–19	US
34	Northfield Mt. Hermon School	Massachusetts	15%	14–19	US
35	Cranbrook Schools	Michigan	15%	14–18	US
36	Ashbury College	Ontario	15%	14–18	CA
37	St. George's School	British Columbia	14%	11–18	CA Boys' School
38	Appleby College	Ontario	13%	14–18	CA
39	Oundle School	Peterborough	13%	11–19	UK Boys' School
40	Cate School	California	13%	14–18	US
41	Concord Academy	Massachusetts	12%	14–18	US
42	St. George's School	Rhode Island	12%	14–18	US
43	Miss Porter's School	Connecticut	12%	14–18	US Girls' School
44	Emma Willard School	New York	12%	14–19	US Girls' School
45	Peddie School	New Jersey	12%	14–19	US
46	Benenden School	Cranbrook	11%	11–18	UK Girls' School
47	Rugby School	Rugby	11%	13–18	UK Boys' School
48	Kent School	Connecticut	11%	14–19	US
49	Dulwich College	London	11%	7–18	UK Boys' School
50	Episcopal High School	Virginia	10%	14–18	US
50	Woodberry Forest School	Virginia	10%	14–18	US Boys' School
50	Georgetown Preparatory School	Maryland	10%	14–18	US Boys' School